MONSEIGNEUR

LE DUC DE BOURGOGNE.

MONSEIGNEUR,

Le plaisir que VOUS prenez à entendre la Musique fait trop d'honneur à ceux qui font comme moy profession de cet Art, pour ne leur pas donner une émulation générale, & principalement à ceux qui composent le Corps de la Musique du Roy; Aussi puis-je dire avec verité qu'il n'y en a pas un parmy ce grand nombre qui ne s'empressât à l'envy de VOUS marquer à quel excés il est sensible à cet honneur, s'il en trouvoit quelques occasions.

EPISTRE.

C'est dans ce même esprit, MONSEIGNEUR, *que j'ay exprés composé ce petit Livre en vûë de* VOUS *le presenter, non comme un Ouvrage qui soit digne d'un si grand Prince, mais comme une production nouvelle qui pourroit* VOUS *estre utile, si* VOUS *aviez quelque envie d'apprendre la Musique, estant bien persuadé qu'avec les dispositions naturelles que* VOUS *avez pour toutes les sciences, elle* V[illegible]*uiroit en fort peu de temps jusqu'au point de chanter toutes sortes d'Airs proprement & à Livre ouvert.*

Je n'ay pas assez de presomption, MONSEIGNEUR, *pour aspirer à l'honneur de* VOUS *l'enseigner; mon seul but en composant ce Livre, a été d'y rendre facile un talent que* VOUS *aimez, & que les plus grands Princes ont comme* VOUS *aimé d'inclination; Trop heureux si* VOUS *le trouviez digne de Vôtre approbation, je recevrois par un tel avantage, toute la recompense que j'ose envisager, ou s'il m'étoit permis de souhaiter quelque chose de plus, ce seroit de passer dans Vôtre esprit pour l'homme du monde qui suis, & seray toûjours avec le plus profond respect,*

MONSEIGNEUR,

Vôtre tres-humble, tres-obeïssant & tres-fidele serviteur,
MICHEL L'AFFILLARD,
Ordinaire de la Musique du Roy.

PREFACE.

POur faciliter les moyens de bien apprendre la Muſique, j'ai pris ſoin, en composſant ce Livre, de le diſpoſer de façon que l'on paſſera preſque ſans peine des choſes les plus aiſées à celles qui paroiſſent, ou qui ſont en effet les plus difficiles.

J'explique en premier lieu comment on peut apprendre à nommer ſes Notes, je donne enſuite des Leçons pour l'Intonation, je fais le détail de la valeur des Poſes, & des Notes de la Meſure à deux tems, je fais auſſi ſucceſſivement des remarques ſur le ♭-mol, le ♮-carre, & le Diézis; Sur la valeur des Points Sur les progrés des ſept Octaves de la Muſique; Sur les Signes de repetition, les Renvoys, le Signe final, les Guidons, &c. Aprés leſquelles remarques s'enſuit une aſſez longue Diſſertation, dans laquelle je fais voir les raiſons que j'ay euës pour donner mes premieres Leçons ſur la Clef de G ré ſol par ♭-mol, plûtôt que ſur la Clef de C ſol ut par ♮-carre. Je paſſe delà aux premieres Leçons, & aux plus faciles pour commencer à battre la Meſure; j'y en mêle quelques-unes de Triple ſimple dans l'opinion que j'ai qu'il faut, par préference, s'exercer d'abord ſur ces deux ſortes de Meſures, d'autant que c'eſt ſur elles que ſe font la plûpart des Airs de mouvement. Enfin je donne en paſſant des avis ſur les Agr[illegible]ents du Chant, & des moyens pour s'en faire une idée nette & generale, aprés quoi je poursuis par degrez jusqu'aux Leçons les plus difficiles de la Mesure à deux tems, & donne ensuite des Exemples de la maniere dont on peut battre toutes les Notes, soit à deux tems, soit en Triple simple, soit en Triple mineur, soit à six tems legers; Aprés lesquels Exemples je donne des modéles de la plûpart des Airs de mouvement qui se composent aujourd'huy par la Mesure à deux tems.

Delà je passe au Triple double, & successivement du Triple double au Triple simple, & au Triple mineur; Je traite ensuite la Mesure à quatre tems graves, la Mesure à quatre tems legers, la Mesure à six quatre, & la Mesure à six huit; De sorte que l'on trouvera dans toute cette suite de Mesures differentes, & la valeur de leurs Notes que j'ay distribuées chacune en particulier, & presque tous les Airs de mouvement qui se traitent aujourd'huy sur toutes ces Mesures: Mais ce que je crois avoir fait de mieux en cette occasion, c'est d'avoir observé deux choses assez essentielles pour rendre tout ensemble ces Airs utiles, & agreables; La premiere en les faisant reguliers autant que je l'ay pû, afin qu'on puisse, selon les occurrences, s'en servir pour la Danse, ou les regarder comme modéles quand on voudra essayer d'en Chanter, ou d'en [illegible] d'autres de même espece; Et la seconde en les mettant tous, ou avec Basse-Continuë, ou à deux Parties, ou bien en Trio sur des Paroles que l'on y a faites exprés [illegible] inconstances, à [illegible] avis, qui serviront à la fois pour apprendre à chanter de mouvement & en partie, & pour acquerir en même tems la [illegible] d'ajuster la Parole avec les Notes.

Pour continuer enfin de faire remarquer les raisons que j'ay euës de placer chaque chose dans l'endroit où l'on la trouvera, je dirai que j'ai jugé à propos de rassembler dans deux Pages successives les huit sortes de Mesures differentes que j'avois traitées auparavant, afin de les faire voir d'un coup d'œil à ceux qui n'en auroient plus qu'une idée confuse; Je fais ensuite un détail succint de quatre autres sortes de Mesures qui sont un peu moins en usage que celles que j'ai traitées dans ce Livre.

En un mot j'ai placé vers la fin de ce Livre trois Plans que l'on trouvera peut-être assez bien imaginez; Les deux premiers sont faits pour donner une idée parfaite, & generale de toutes les Clefs, de toutes les Parties differentes, & de tous les Sons naturels de la Musique tant par ♭-mol que par ♮-carre; Et le troisiéme pour donner aussi une connoissance parfaite du rapport qu'il y a entre toutes ces Clefs, & toutes ces Parties.

Et pour ne rien obmettre, j'y donne deux Regles qui applaniront infailliblement les difficultez de toutes les Transpositions; La premiere servira pour les Transpositions qui se font avez des Diézis; & la seconde pour les Transpositions qui se font avec des ♭-mols. Ces deux Regles sont accompagnées de quantité d'Exemples qui ne seront pas inutiles pour faire comprendre plus aisement l'explication, & le raisonnement qui les précede.

Enfin quand on aura appris par ordre ce que j'ai rassemblé dans ce Livre, on se trouvera inſenſiblement en état de chanter toute ſorte de Muſique quelque difficile qu'elle puiſſe être ; mais comme ce n'eſt pas toûjours la plus difficile qui eſt la meilleure, on doit pour raiſon, faire choix de celle qui eſt la plus naturelle, & qui vient des meilleurs Auteurs afin de ne s'expoſer pas à corrompre ſon goût par de la Muſique extravagante, ou qui ſeroit d'un goût dur, & bizarre.

On aura ſoin pour l'intelligence de ce Livre, de lire exactement, & avec application tout ce qui eſt écrit au haut, au long, & au deſſous de toutes les lignes de chaque page; On voudra bien auſſi faire une attention toute particuliere au petit c. qui eſt répandu parmi les Notes de toutes les Leçons, ou Airs de ce Livre : Il ſert pour marquer l'endroit où l'on doit prendre ſon haleine, en coupant la Note qui le précede, & la feſant plus courte que ſa valeur naturelle, de peur d'être obligé de retarder le mouvement (précaution également neceſſaire pour bien chanter de meſure, & même pour chanter juſte) chacun ne ſçait-il pas que quand on manque d'haleine on ne manque jamais de baiſſer & de chanter faux? Ainſi, je conclus qu'il faut avec art ſe precautionner là-deſſus.

Si les perſonnes qui joüent des Inſtrumens veulent joüer les Airs de mouvement qui ſont dans ce Livre, elles n'auront qu'à les tranſpoſer ſur le Ton qui conviendra le mieux à l'étenduë de leurs Inſtruments; Aprés cela ſi l'on veut avoir de nouveaux Exemples pour s'exercer, auſſi portatifs que ce Livre, on pourra prendre le Recüeil des Parodies imprimé en trois Volumes, & celui des Brunetes en deux Volumes.

EXPLICATION

De la maniere dont il faut ſe ſervir de la Gamme pour apprendre à connoître les Notes de la Muſique.

CE n'eſt que par le ſecours de la Gamme, & des trois Clefs que l'on y voit, qu'on peut arriver à la connoiſſance des Notes de la Muſique; Il faut obſerver d'abord que, quand il ſe trouve un ♭-mol immediatement aprés l'une ou l'autre des trois Clefs, pour lors on ne ſe ſert que des noms de Notes qui ſont dans la Colomne de ♭-mol de la Gamme qui eſt cy-devant; au lieu que, quand chacune de ces Clefs ne ſe trouve point accompagnée d'un ♭-mol, en cet autre cas, on ne doit ſe ſervir que des noms de Notes qui ſont dans la Colomne de ♮-quarre de la même Gamme.

Cette remarque étant faite, on concevra facilement, par exemple, que, s'il ſe trouve un ♭ immediatement aprés la Clef de F ut fa, pour lors la Note qui eſt poſée ſur la même ligne que ladite Clef, doit s'appeller ut, au lieu que, s'il n'y a que la Clef sans ♭, en cet autre cas la Note qui est posée sur cette même ligne se doit appeller fa, de maniere que, selon la premiere remarque, on dira, voila un ut en F ut fa par ♭-mol; & selon la seconde, on dira, voila un fa en F ut fa par ♮-carre.

Par la même raison quand il se trouvera un ♭ auprés de la Clef de G ré sol, pour lors la Note qui sera posée sur la même ligne que ladite Clef, se doit appeller ré; au lieu que, s'il ne s'y rencontre point de ♭-mol, en cet autre cas la même se doit appeller sol, de maniere qu'on dira, selon la premiere remarque, voila un ré en G ré sol par ♭-mol; & selon la seconde, voila un sol en G ré sol par ♮-carre, & ainsi de toutes les autres Notes selon qu'elles se chanteront, soit par ♭-mol, soit par ♮-carre.

On se servira de la même regle pour la Clef de C [illegible] dont on peut regarder les Exemples, ou cy-devant au bas de la Gamme, ou cy-aprés dans la page qui suit immediatement.

Octaves d'Ut sur differentes positions des trois Clefs de la Musique tant par ♭-mol que par ♮-carre.

ou Demy-Ton Demy-Ton Demy-Ton Demy-Ton

ut, … sol, la, si, ut; ut, si, la, sol, fa, mi, ré, ut.

Octave d'Ut pour le Haut-Dessus par ♭-mol, ou pour la Basse-Taille par ♮-carre.

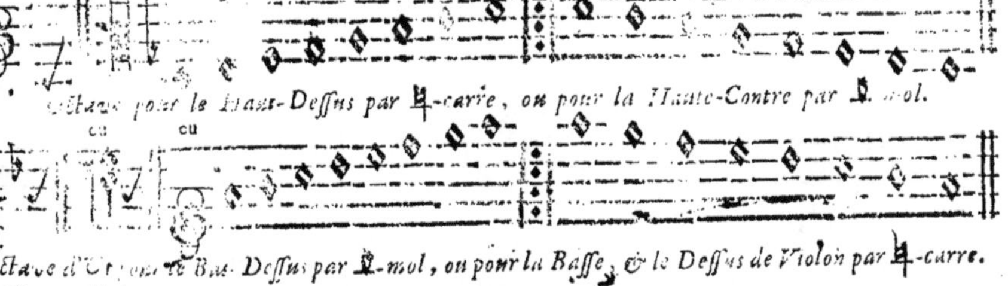

Octave pour le Haut-Dessus par ♮-carre, ou pour la Haute-Contre par ♭-mol.

Octave d'Ut pour le Bas-Dessus par ♭-mol, ou pour la Basse, & le Dessus de Violon par ♮-carre.

ou

Octave d'Ut pour le Bas-Dessus par ♮-carre, ou pour la Haute-Contre par ♭-mol.

Intervalles éloignez.

Tous les Tons, ou Modes de la Musique se peuvent reduire à deux ;
Sçavoir au Ton majeur, & au Ton mineur.
Le majeur procéde par une Tierce majeure, & le mineur par une Tierce mineure,
en commençant à monter par la Note finale.

Notes essentielles du Ton majeur.

Autres Notes essentielles du Ton majeur.

Notes essentielles du Ton mineur.

Autres Notes essentielles du Ton mineur.

Valeur des Poses, & des Notes de la Mesure à deux tems.

La Mesure à deux tems se marque par un 2.

Bâton valant 4. Poses. *Bâtons valants 2. Poses chacun.*

Note de 4. Mesure. *Notes de 2. Mesures chacune.*

Bâtons valants une Pose. *Demi-Poses.*

Notes d'une Mesure. *Notes de demie-Mesure.*

Valeur des Poses, & des Notes de la Mesure à deux tems.

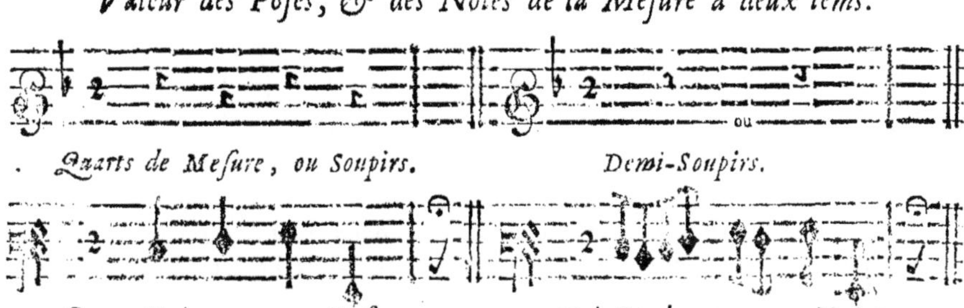

Quarts de Mesure, ou Soupirs. *Demi-Soupirs.*

Quatre Noires pour une Mesure. *Huit Croches pour une Mesure.*

Quarts de Soupirs.

Seize doubles Croches pour chaque Mesure.

Le ♭-mol fait baisser de demi-Ton la Note qui le suit, & la fait appeller FA.

Le ♮-carre & le Diézis font hausser de demi-Ton les Notes qui les suivent.

Exemple du ♭-mol, du ♮-carre, du Diézis.

Dans la modulation naturelle il n'y a que deux Notes où l'on mette des ♭-mols & des ♮-carres; Sçavoir au SI, & au MI: Et trois où l'on mette des Diézis; Sçavoir au FA, au SOL, & à l'UT.

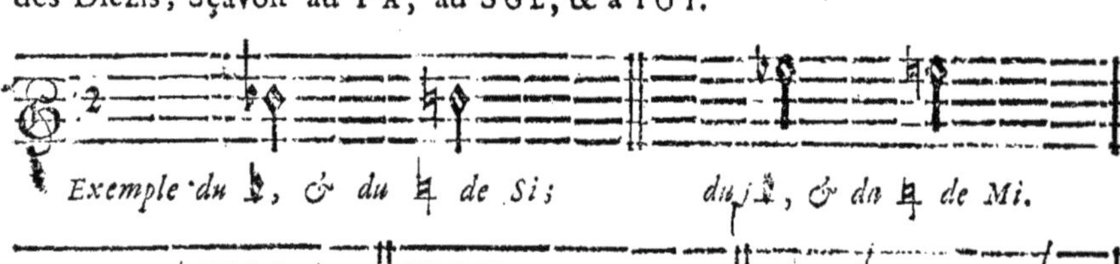

Exemple du ♭, & du ♮ de Si; du ♭, & du ♮ de Mi.

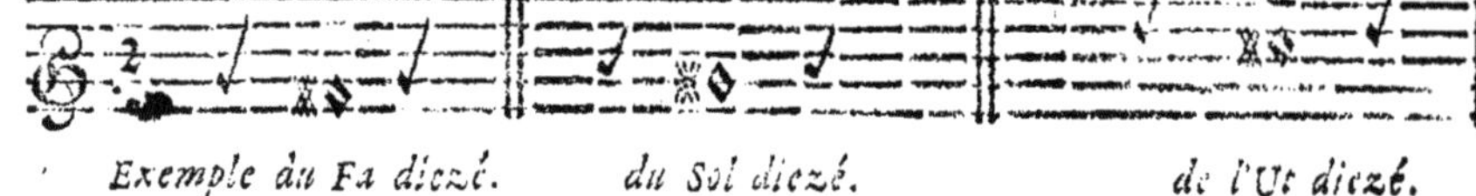

Exemple du Fa diezé. du Sol diezé. de l'Ut diezé.

Les Points valent la moitié de la Note qui les précede.

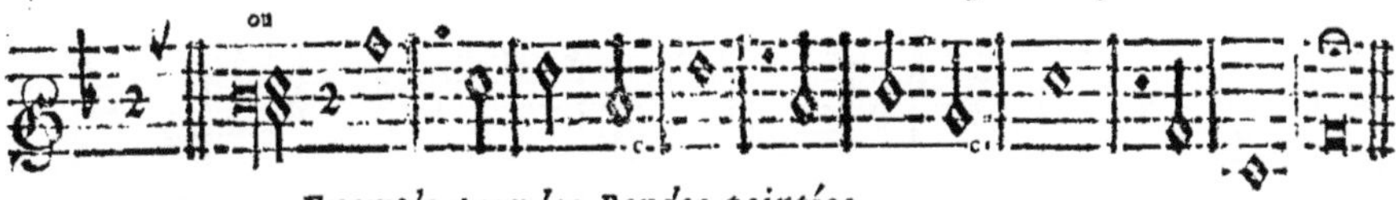

Exemple pour les Rondes pointées.

Exemple pour les Blanches pointées.

Exemple pour les Noires pointées.

Exemple pour les Croches pointées.

Il eſt de conſequence pour apprendre la Muſique en peu de temps, de nommer ſans héſiter

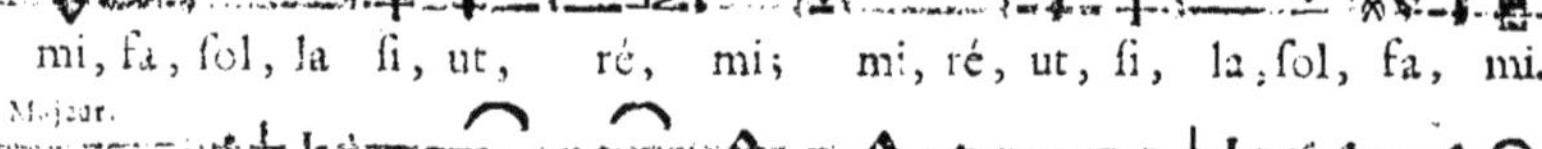

les Notes de ces sept Octaves en montant, & en descendant.

DISSERTATION

*Où je fais voir les raisons que j'ai, pour commencer ces Principes par l'Octave d'*F ut fa*, plûtôt que par celle de* C sol ut.

COmme il y a eû beaucoup de Personnes, qui, voyant les précedentes Editions de ma Méthode, ont demandé pourquoi j'y donnois mes premieres Leçons sur l'Octave d'F ut fa, & sur celle de G ré sol mineur, plûtôt que de les donner au naturel sur l'Octave de C sol ut, & sur celle de D la ré. Je répons à céla que j'ai jugé à propos de le faire ainsi, parceque l'étenduë la plus ordinaire de la voix des Dames, des Jeunes personnes, & même d'une grande parties des Hommes se trouve fixée depuis une des Cordes d'F ut fa, jusqu'à une autre Corde d'F ut fa; D'où je conclus que, lorsque les Voix nommées cy-dessus chantent avec quelque Instrument, elles doivent exécuter plus à l'aise l'Octave d'*Ut, Ré, Mi, Fa, Sol, La, Si, Ut*, & mes autres Principes modulez dans l'étenduë des Octaves d'F ut fa, & de G ré sol mineur; que si je les avois renfermez, ou fixez dans l'Octave de C sol ut, & dans celle de D la ré, qui, selon mon avis, ne sont pas à la veritable portée des voix que je viens de citer, & semblent ne convenir qu'aux voix de *Basse-Taille*, & de *Basse*. Mais pour rendre cette raison encore plus valable, j'ai, sans rien changer, trouvé un expedient dont je me sers dans cette nouvelle Edition, & par le secours du quel les *Dessus*, les *Haute-Contres*, les *Haute-Tailles*, les *Basses-Tailles* & les *Basses*, pourront chanter toutes les Leçons qui sont cy-devant, & cy-aprés avec l'Instrument qu'ils affectionneront le plus; Comme, par exemple, *Clavecin*, *Dessus de Viole*, *Basse de Viole*, &c. Et ce, sans nommer les Notes de mes Leçons d'une maniere differente, & sans avoir la voix forcée en les chantant, ni les unes, ni les autres. Cet expedient n'est autre chose que d'avoir mis, comme j'ai fait, deux Clefs differentes à la teste de chaque Leçon; Sçavoir la Clef de G ré sol par ♭-mol, qui servira pour les *Dessus*, les *Haute-Contres*, & les *Haute-Tailles*; Et la Clef d'F ut fa par ♮-carre, qui servira pour les *Basses-Tailles*, & les *Basses*. Ce qu'il y aura à faire pour les *Haute-Contres*, & *Haute-Tailles*, ce sera de chanter & de joüer lesdites Leçons une Octave plus bas sur les Cordes de l'Instrument dont elles se serviront pour accompagner leurs voix. Voilà, mes raisons justificatives auprés de ceux qui continûroient de me censurer.

ou en levant.
Notes d'un Tems.
ou
Al
Pour faire deux Notes égales dans un Tems.
ou
Pour faire deux Notes inégales dans un Tems.
ou
Pour faire une Noire, & deux Croches dans un Tems;
Il faut toûjours pointer la premiere des deux Croches.

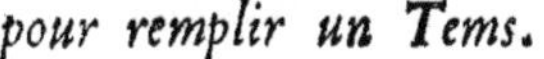

Pour apprendre à faire une Noire pointée, & deux Doubles Croches dans un Tems.

Pour apprendre à faire deux Croches, & une Noire dans un Tems.

Pour apprendre à faire quatre Croches dans un Tems.

Pour apprendre à faire les Notes Syncopées.

Cherchez la page 85. pour y apprendre la valeur des Notes du Triple ſimple, afin de pouvoir chanter avec la Meſure les Exemples qui ſuivent.

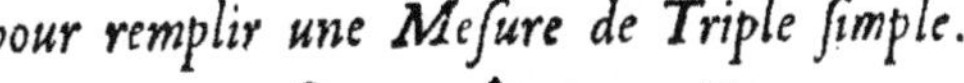

pour remplir une Mesure de Triple simple.

Onziéme Exemple.
Douxiéme Exemple.
Treiziéme Exemple.
Quatorziéme Exemple.

IL est bon d'apprendre de bonne-heure à faire certains Agréments qui sont necessaires pour solfier proprement, & pour ajuster de même la Parole avec les Notes. On trouvera dans la premiere page qui suit tous ces Agréments distribuez separément, & désignez par certaines marques qui leur sont affectées à chacun en particulier. On verra dans la deuxiéme page, qui est relative à la premiere, ces mêmes Agréments marquez d'une autre façon, c'est-à-dire par les Notes que ces Agréments renferment dans leur exécution.

Je ne parle ici de ces Agréments, & ne me sers des marques qui leur sont affectées, qu'aprés plusieurs Maîtres célebres qui les ont mises en usage il y a long-tems, & mon but a esté seulement de les tracer cy-aprés dans un petit espace pour en donner une idée générale, & une impression facile à ceux qui apprendront à chanter, ne croyant pas qu'il soit necessaire d'en donner une explication plus ample, convaincu qu'on pourra beaucoup mieux les apprendre par l'Exemple que l'on en donnera en chantant, que par aucune Dissertation que l'on pût faire sur ce sujet; c'est un soin reservé pour Messieurs les Maîtres à Chanter.

Tournez pour prendre quelque idée de ces Agréments, & de toutes leurs marques en les rapportant avec les petites Notes qui en designent l'exécution dans la deuxiéme page qui suit celle-cy.

Marques dont on se sert pour désigner les Agréments du Chant

Accent. *Port de Voix.* *Port de Voix doublé.*

1. *Cadence coupée avec deux Notes,*
2. *Martellement avec trois Notes.*

Double Cadence coupée. *Feinte.* *Pincé.*

Tremblement subit. *Balancement.* *Coulements.*

Hélan ! ou aspiration violente. *Double Cadence battuë.* *Cadence appuyée, battuë, & fermée.*

Leçon pour apprendre à battre ses Tems égaux,

Il faut la chanter avec une propreté simple.

FUGUE.

BASSE.

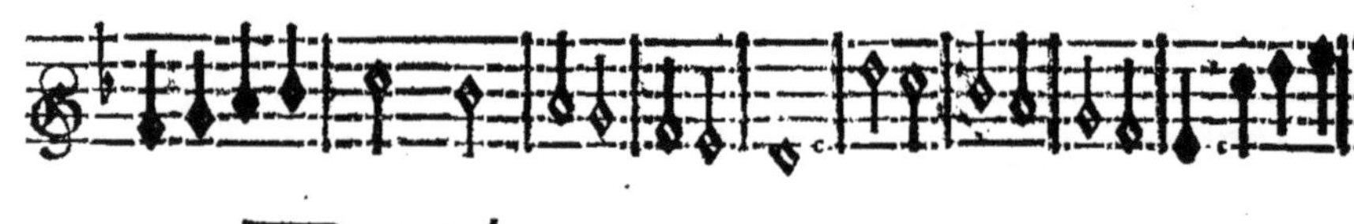

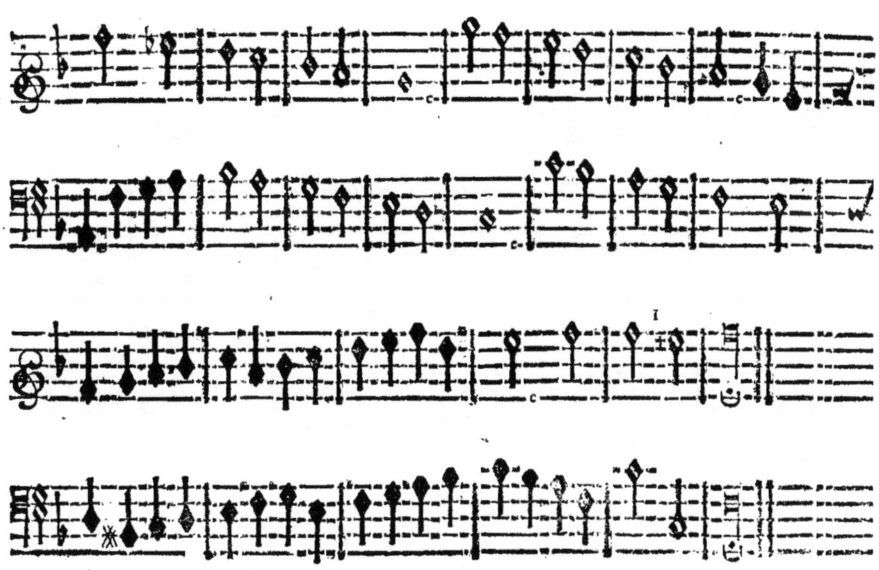

Pour faire les Points dans leur valeur, il faut suſpendre la Noire pointée ; & paſſer vîte la Croche qui la ſuit.

Il faut obſerver ici la même choſe qu'aux deux Leçons précedentes.

Pour faire comme il faut deux Croches qui suivent une Noire, on doit pointer la premiere, & passer vîte la seconde.

Quand on fait 4. Notes dans un Tems, la premiere doit être longue, la 2. courte, la 3. longue, & la quatriéme courte, c'est à dire qu'il faut les pointer de deux en deux.

LECON

Quand il y a deux Croches aprés un Soupir on pointe la premiere, & l'on passe vîte la seconde, au lieu qu'aprés le demi-Soupir, on passe vîte la premiere, on pointe la seconde, & l'on fait encore promptement la troisiéme pour aller tomber sur la 1re Note de l'autre tems.

On obſervera ici la même choſe qu'à la page précedente.

ou
Pointez.
Ut battu,
Ré,
Mi,
Fa,
Sol,
La,
Si,
Ut. . . . .
Ut,
Si,
La,
Sol,
Fa,
Mi,
Ré.

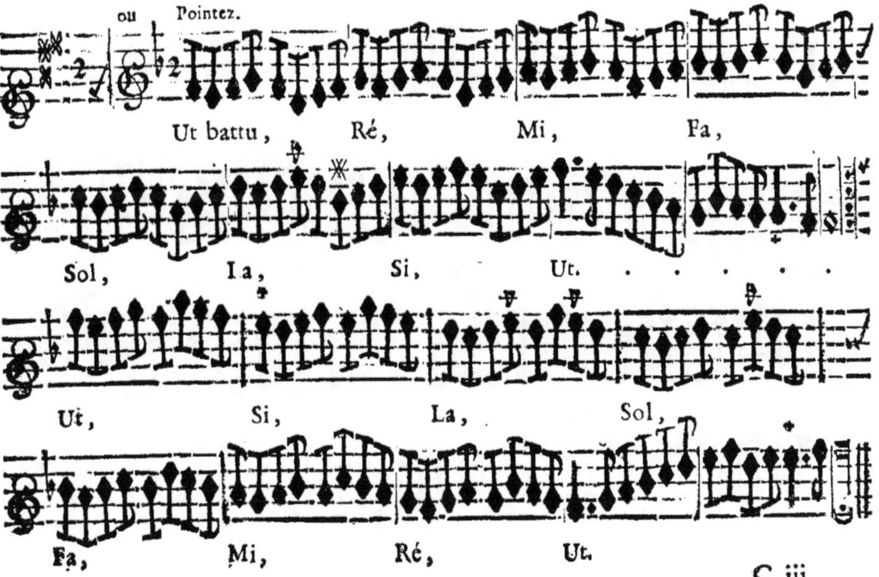
ou Pointez.
Ut battu, Ré, Mi, Fa,
Sol, La, Si, Ut.
Ut, Si, La, Sol,
Fa, Mi, Ré, Ut.

NOTES BATTUES.

ou Pointez.

Ut, Ré, Mi, Fa,

Sol, La, Si, Ut.

Ut, Si, La, Sol,

Fa, Mi, Ré, Ut.

ou
Ut, Ré, Mi, Fa, Sol, La, Si, Ut, Ré,
Ré, Mi, Fa, Sol, La, Si, Ut.
Ut, Si, La, Sol, Fa,
Mi, Ré, Ut.

ou
également.
Ut, Ré, Mi, Fa, Sol, La, Si, Ut.
Ut, Si, La, Sol, Fa, Mi, Ré, Ut.
Pointez.
Ut, Ré, Mi, Fa, Sol, La, Si, Ut.
Ut, Fa, La, Sol, Fa, Mi, Ré, Ut.

ou
Pointez fort.
Ut, Ré, Mi, Fa, Sol, La, Si, Ut.
Ut, Si, La, Sol, Fa, Mi, Ré, Ut.
Piquez.
Ut, Ré, Mi, Fa, Sol, La, Si, Ut.
Ut, Fa, La, Sol, Fa, Mi, Ré, Ut.

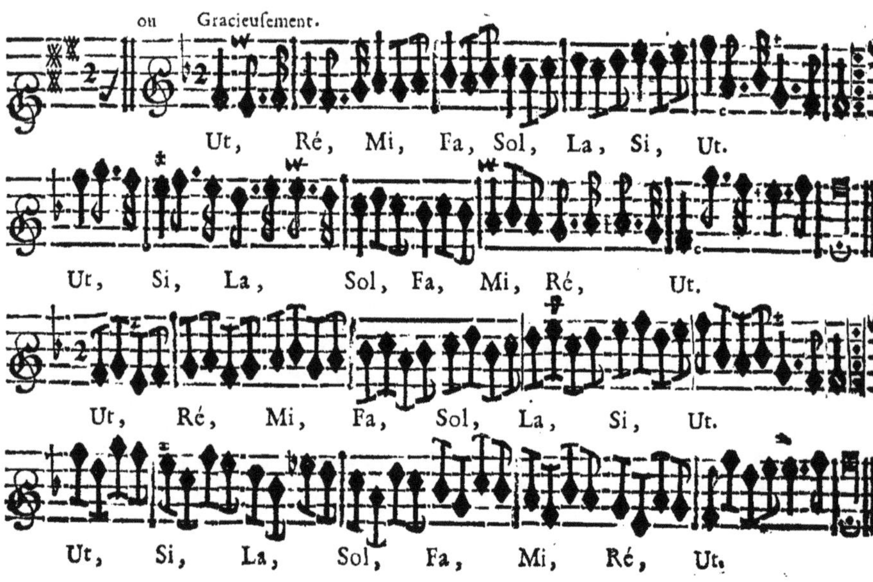
ou Gracieusement.
Ut, Ré, Mi, Fa, Sol, La, Si, Ut.
Ut, Si, La, Sol, Fa, Mi, Ré, Ut.
Ut, Ré, Mi, Fa, Sol, La, Si, Ut.
Ut, Si, La, Sol, Fa, Mi, Ré, Ut.

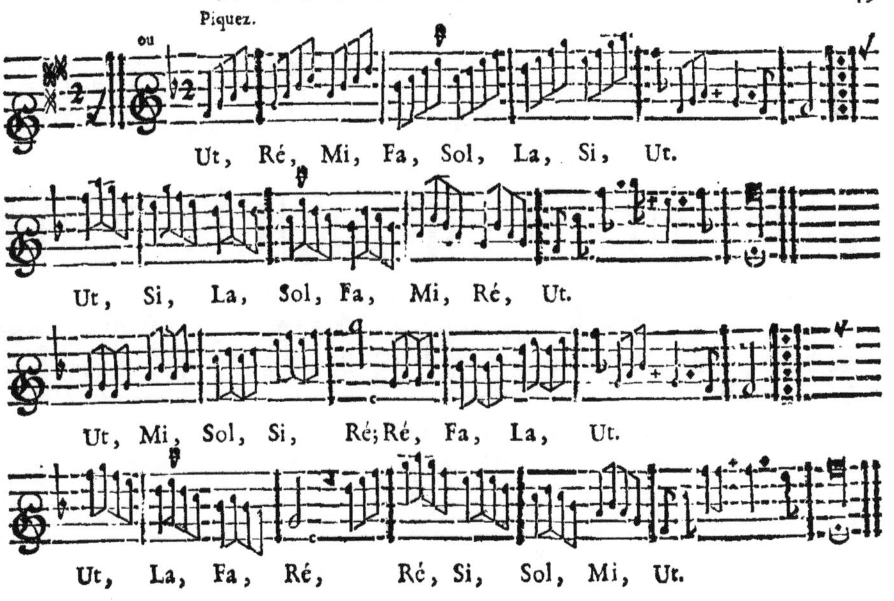
Piquez.
ou
Ut, Ré, Mi, Fa, Sol, La, Si, Ut.
Ut, Si, La, Sol, Fa, Mi, Ré, Ut.
Ut, Mi, Sol, Si, Ré; Ré, Fa, La, Ut.
Ut, La, Fa, Ré, Ré, Si, Sol, Mi, Ut.

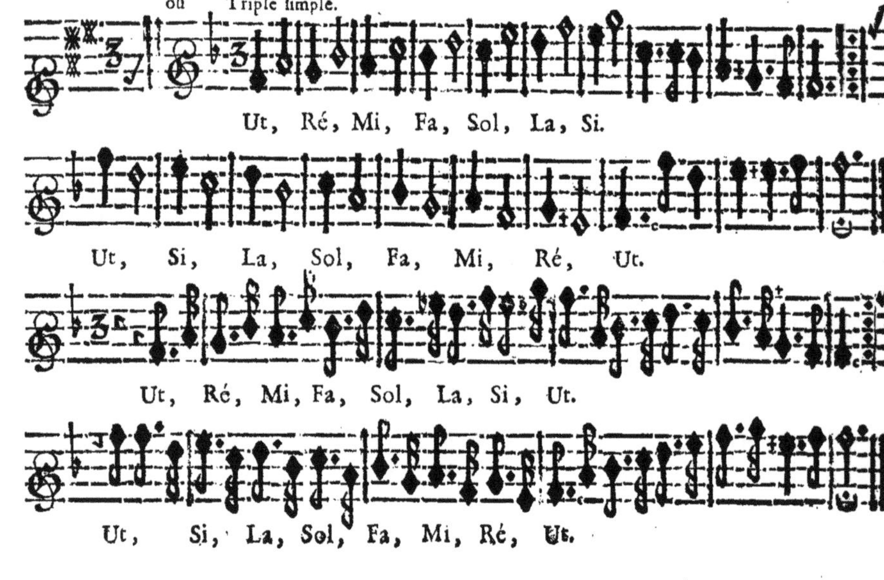
ou Triple simple.
Ut, Ré, Mi, Fa, Sol, La, Si.
Ut, Si, La, Sol, Fa, Mi, Ré, Ut.
Ut, Ré, Mi, Fa, Sol, La, Si, Ut.
Ut, Si, La, Sol, Fa, Mi, Ré, Ut.

Pompeusement.
Ut, Ré, Mi, Fa, Sol, La, Si, Ut,
Ré; Ré, Mi, Fa, Sol, La, Si, Ut.
Ut, Si, La, Sol, Fa, Mi, Ré; Ré, Ut,
Si, La, Sol, Fa, Mi, Ré, Ut.

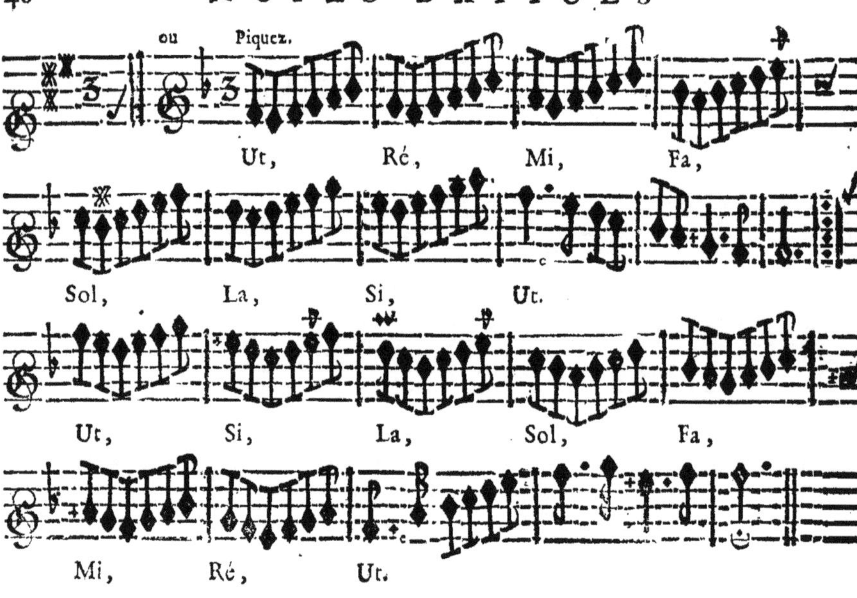
ou Piquez.
Ut, Ré, Mi, Fa,
Sol, La, Si, Ut.
Ut, Si, La, Sol, Fa,
Mi, Ré, Ut.

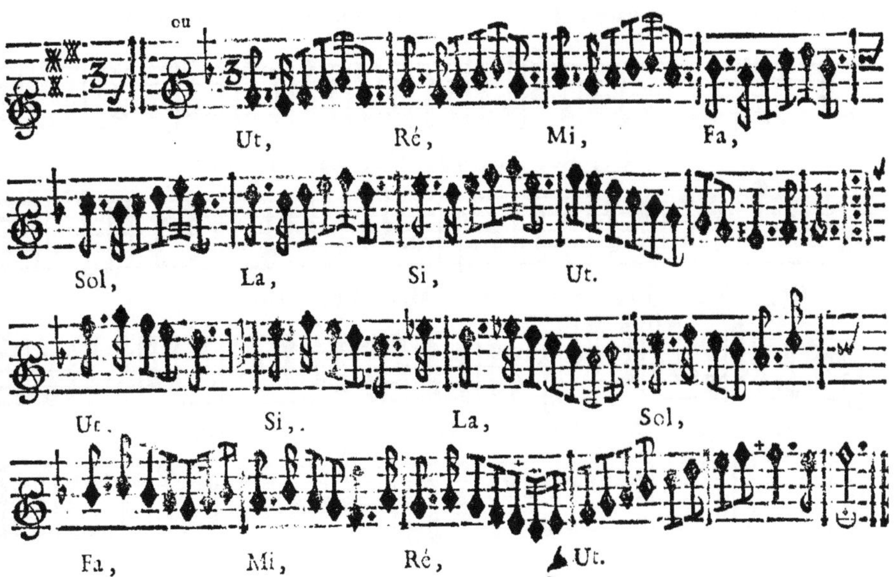
ou
Ut, Ré, Mi, Fa,
Sol, La, Si, Ut.
Ut. Si,. La, Sol,
Fa, Mi, Ré, Ut.

L'Explication de la valeur des Notes de cette Mesure, se trouve page 101.

ou
fort vîte.
Ut, Ré, Mi, Fa,
Sol, La, Si, Ut.
Ut, Si, La, Sol, Fa, Mi,
Ré, Ut.

Leçon pour les Soupirs de cette Mesure.

Autre Leçon pour les Soupirs, & demi-Soupirs de la même Mesure.

ou
Ut, Ré, Mi, Fa,
Sol, La, Si, Ut.
Ut, Si, La, Sol, Fa,
Mi, Ré, Ut.

MARCHE.

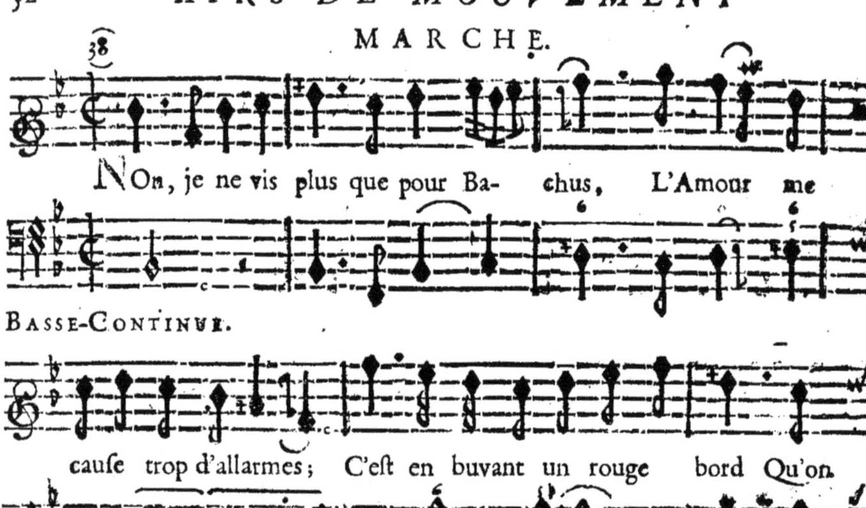
38
NOn, je ne vis plus que pour Ba- chus, L'Amour me
BASSE-CONTINUE.
cause trop d'allarmes; C'est en buvant un rouge bord Qu'on
BASSE-CONTINUE.

doit se faire un sort plein de char- mes; mes; Ah! que je boi-
BASSE-CONTINUE.
ray, Ah! que je riray De la vo- la- ge Amin- the;
Reprise.
BASSE-CONTINUE.

Ses ap- pas Ont beau faire du fracas, Ils ne tiendront ja-
6
BASSE-CONTINUE.

mais contre ma pin- te; Ah! que je boiray... te.
4 3
BASSE-CONTINUE.
Reprise.

EXPLICATION

Des nombres qui sont au dessus des Signes, qui marquent le mouvement des Airs de cette Methode, & de l'usage qu'on en doit faire pour déterminer la durée de chaque Tems, afin de chanter ces Airs dans leur veritable mouvement.

Comme les Signes ordinaires de toutes les Mesures n'en déterminent pas absolument la durée ny celle de leurs Tems, on a ajoûté au dessus de ces Signes, certains nombres, tantôt seuls, tantôt avec un ou deux Croissants posez de differentes manieres, pour désigner de combien de Vibrations, ou de Tems la Mesure est composée.

Avant d'expliquer cette durée de Mesures, ou de Tems, il faut sçavoir qu'on la détermine par le nombre des Vibrations d'un Pendule, dont la longueur est d'une certaine quantité.

Un Pen[illegible] est une Balle de Plomb, ou d'autre métail attachée à un fil; On [illegible] point fixe; Par exemple, à un cloud, & l'on fait faire à [illegible] venuës qu'on appelle *Vibrations;* Chaq[illegible] [illegible]n tems, toûjours égal, mais [illegible]

GAVOTTE.

Quoi ? tu prétens pouvoir ſans peine Laiſſer Aminthe pour le vin ?
Quoi ? tu prétens pouvoir ſans peine Laiſſer Aminthe pour le vin ?
BASSE-CONTINUE.

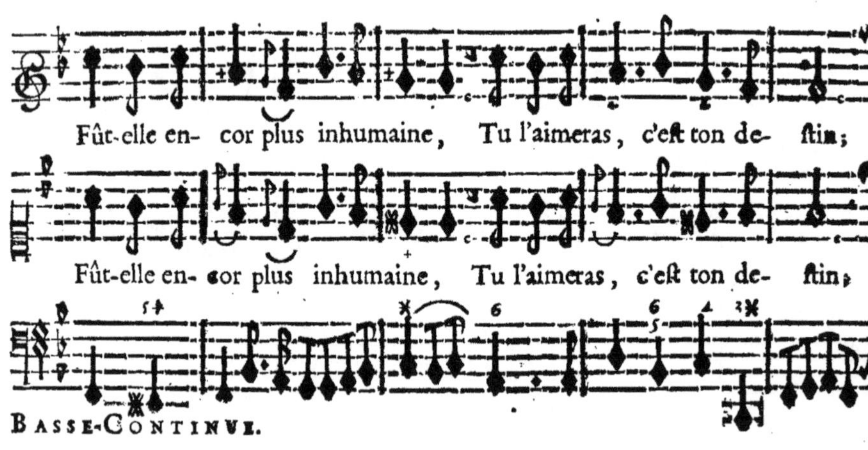
Fût-elle en- cor plus inhumaine, Tu l'aimeras, c'est ton de- stin;
Fût-elle en- cor plus inhumaine, Tu l'aimeras, c'est ton de- stin;
BASSE-CONTINUE.

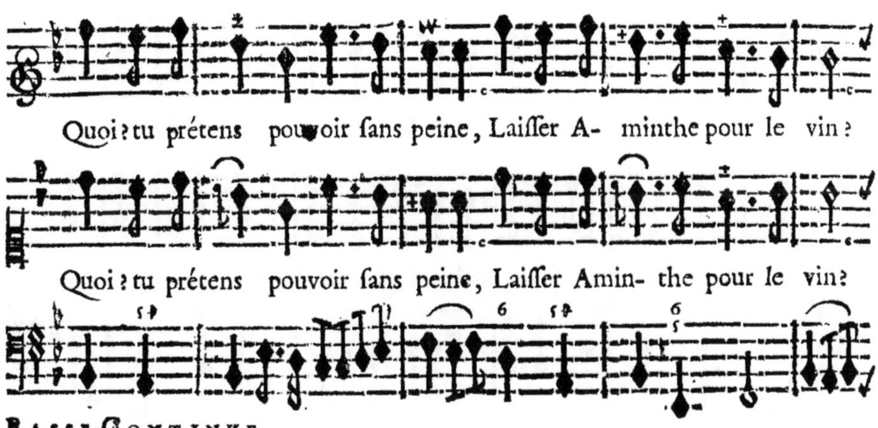
Quoi? tu prétens pouvoir sans peine, Laisser A- minthe pour le vin?
Quoi? tu prétens pouvoir sans peine, Laisser Amin- the pour le vin?
BASSE-CONTINUE.

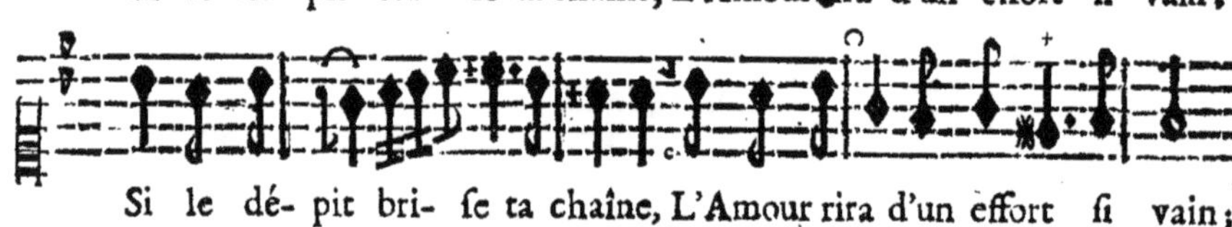

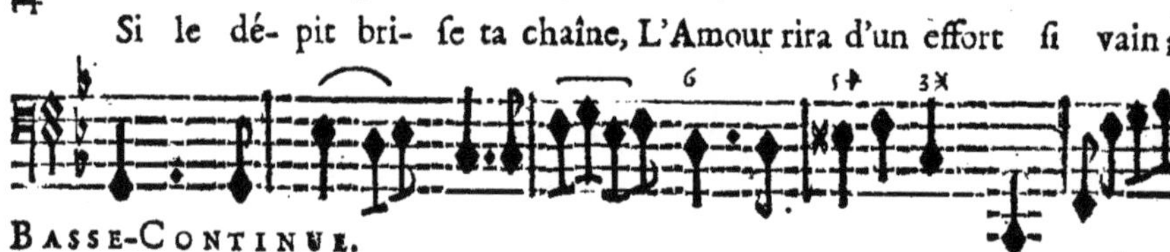

BASSE-CONTINUE.

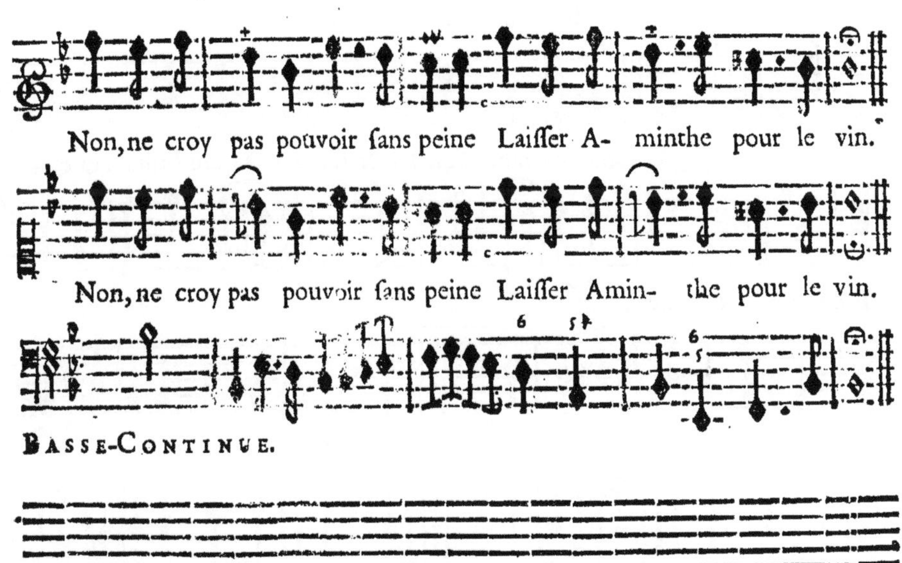
Non, ne croy pas pouvoir ſans peine Laiſſer A- minthe pour le vin.
Non, ne croy pas pouvoir ſans peine Laiſſer Amin- the pour le vin.
6
5
6
5
BASSE-CONTINUE.

RIGAUDON.

30
TU vantes en vain Ton Iris & son tein Moins brillant que ce
BASSE-CONTINUE.
Jus, Que fait couler Bachus; chus; C'est un Dieu toûjours aimable,
Reprise.
BASSE-CONTINUE.

Il prodigue la li- queur Qui nous ré- joüit le cœur, Mais Iris est
BASSE-CONTINUE.
moins traitable, Mille Amãts soûpirent de ses feux, En est-il d'heu- reux ? reux ?
BASSE-CONTINUE.

BOURE'E.

30

L'Amour fait répandre des larmes, Mais ſes biens en ont ils moins de

BASSE-CONTINUE.

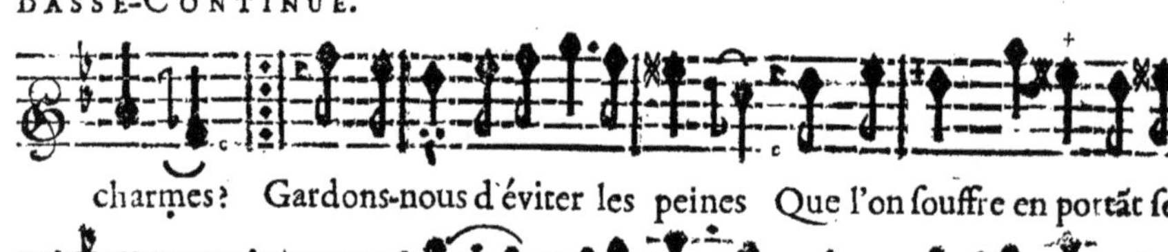

charmes? Gardons-nous d'éviter les peines Que l'on ſouffre en portāt ſes

BASSE-CONTINUE. Repriſe.

chaî-nes, Sur le nombre de nos ſoupirs, Il me- ſure nos plai-

BASSE-CONTINUE.

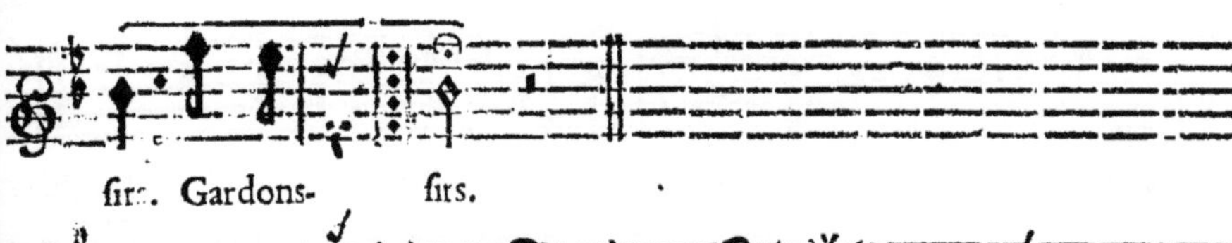

ſirs. Gardons- ſirs.

BASSE-CONTINUE.

PAVANE.
JE ris des lõgs tourments Qu'Amour prepare à mille,& mille Amãts, Ses plus
BASSE-CONTINUE.
doux moments valent - ils ſes pei- nes? Bachus a des biens plus char-
BASSE-CONTINUE.

BASSE-CONTINUE.

BASSE-CONTINUE.

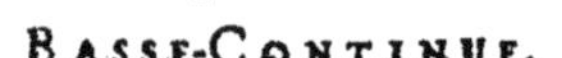

Basse-Continue.

BASSE-CONTINUE.

Duo. BRANLE EN RONDEAU.

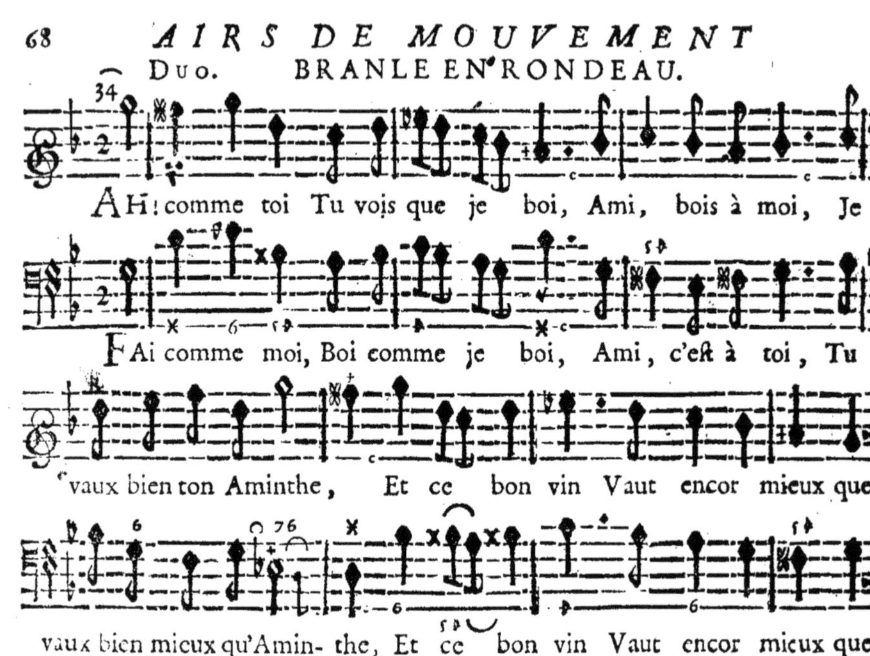

Fin. Seul.

ma Ca- tin. Je veux oublier ma flamme é- teinte, Pour n'aimer

Fin.

ta Ca- tin. BASSE-CONTINUE.

plus Que le divin Jus De la pin- te; Ah! ... tin.

BASSE-CONTINUE. Fai ... tin.

Seul.
N'ayons déſormais ni ſouci ni crainte, De ce vin frais
6 6 4 3 6
BASSE-CONTINUE.
Buvons à longs traits Sans contrain- te. Ah! ... &c. *page* 68.
6 7 6
BASSE-CONTINUE.
Fai ... &c. *page* 68.

Le Triple double se marque par un 3, & un 2.

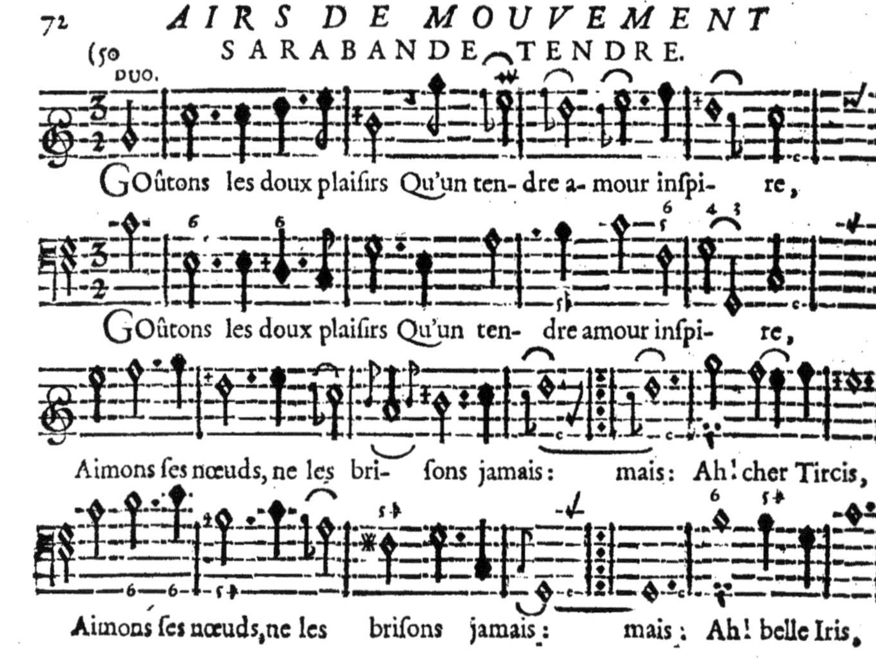
(50
SARABANDE TENDRE.
DUO.
GOûtons les doux plaisirs Qu'un ten- dre a- mour inspi- re,
GOûtons les doux plaisirs Qu'un ten- dre amour inspi- re,
Aimons ses nœuds, ne les bri- sons jamais: mais: Ah! cher Tircis,
Aimons ses nœuds, ne les brisons jamais: mais: Ah! belle Iris,

ton cœur soûpi- re! Du Dieu d'Amour, épuisons tous les traits;
ton cœur soû- pi- re! Du Dieu d'A- mour épuisons tous les traits;
Aimons ses nœuds, ne les brisons jamais. Ah!.. mais.
Ai- mons ses nœuds, ne les brisons jamais. Ah!.. mais.

(45

AIR TENDRE.

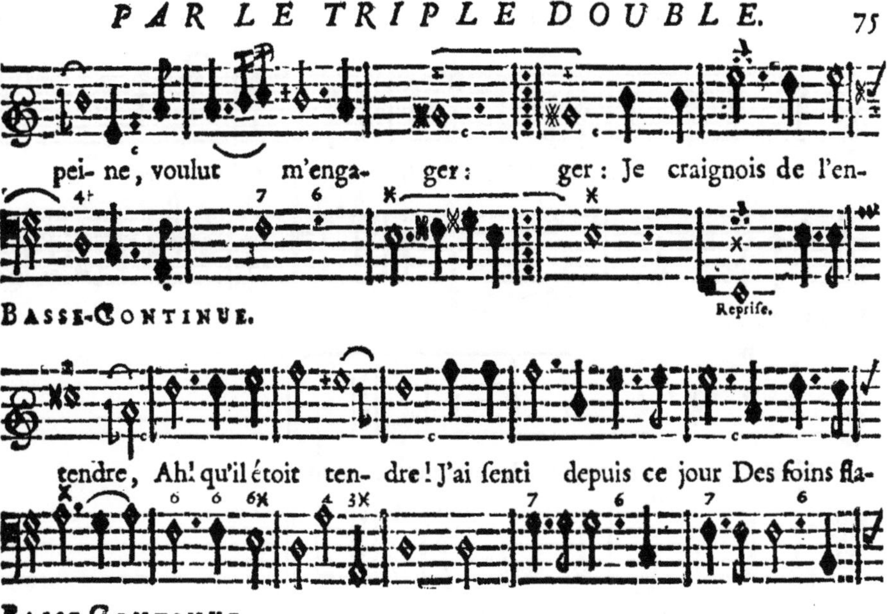
pei- ne, voulut m'enga- ger : ger : Je craignois de l'en-
Reprise.
BASSE-CONTINUE.
tendre, Ah! qu'il étoit ten- dre! J'ai senti depuis ce jour Des soins fla-
BASSE-CONTINUE.

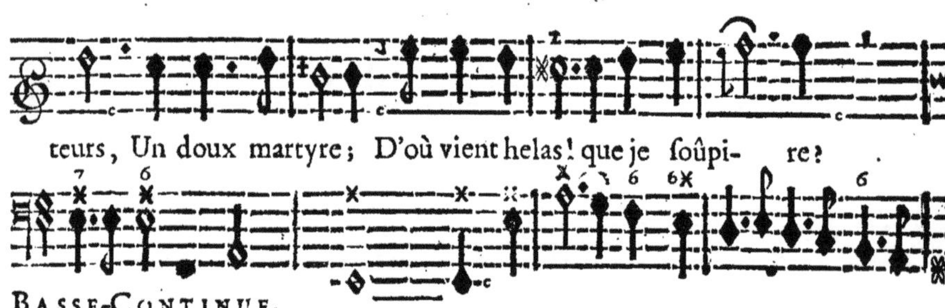
teurs, Un doux martyre; D'où vient helas! que je soûpi- re?
BASSE-CONTINUE.

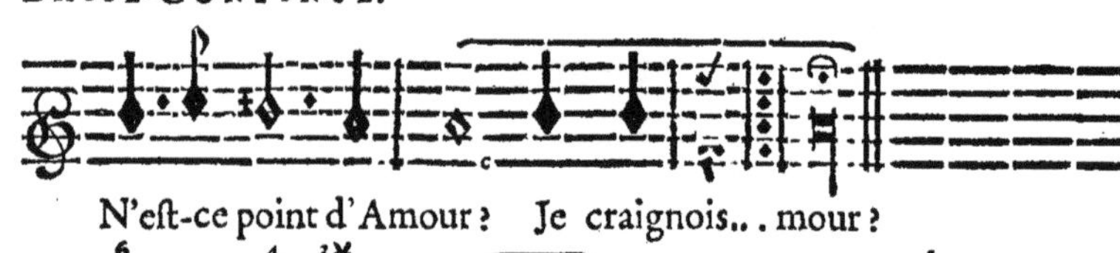
N'est-ce point d'Amour? Je craignois... mour?

BASSE-CONTINUE.

(74

AIR FORT GRAVE.

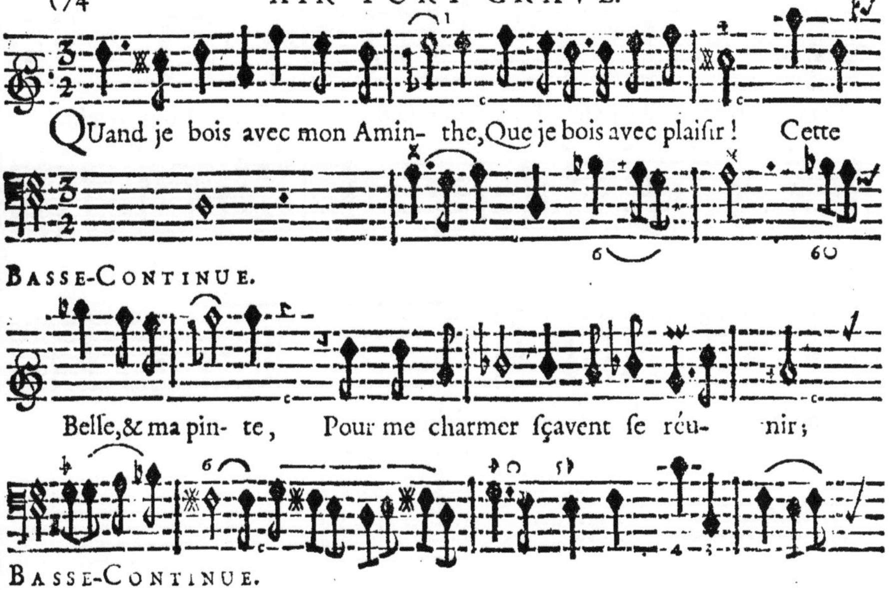

QUand je bois avec mon Amin- the, Que je bois avec plaisir ! Cette

BASSE-CONTINUE.

Belle, & ma pin- te, Pour me charmer sçavent se réu- nir ;

BASSE-CONTINUE.

2

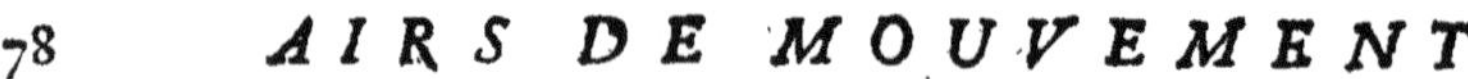

Que je forme un ſeul deſir, Pour flater ſa douce at- teinte, Mon Amin-
6 ♮ 6
BASSE-CONTINUE.

the, &le vin s'of- frent ſou- dain: din: Fut.
7 6 6

BASSE-CONTINUE.

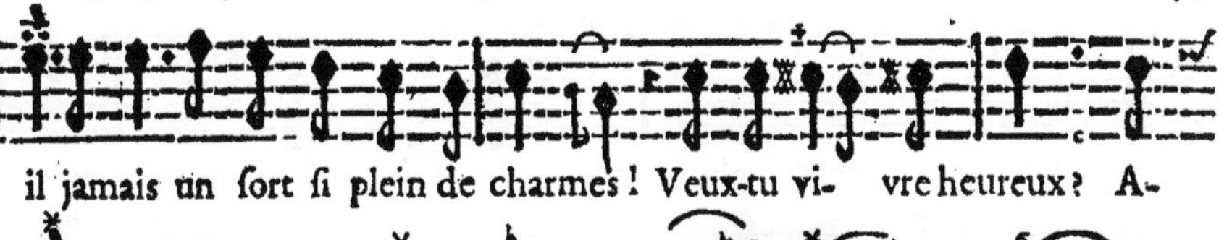

BASSE-CONTINUE.

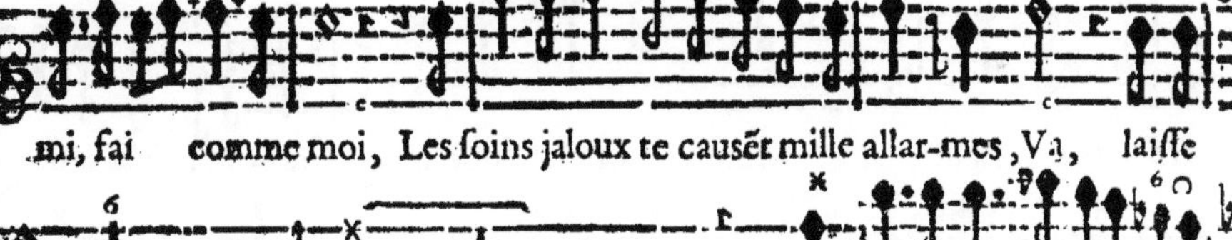

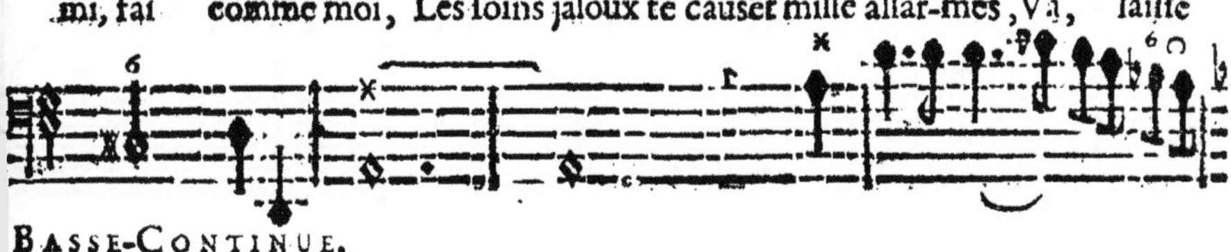

BASSE-CONTINUE.

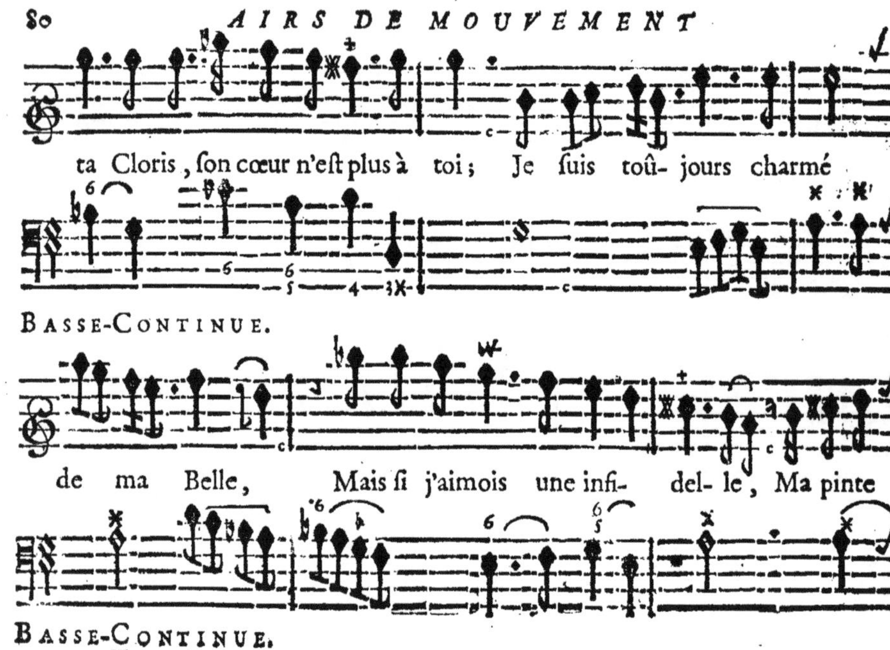
ta Cloris, ſon cœur n'eſt plus à toi; Je ſuis toû- jours charmé
BASSE-CONTINUE.
de ma Belle, Mais ſi j'aimois une infi- del- le, Ma pinte
BASSE-CONTINUE.

sçauroit me venger De son cœur leger. Fut-il. .&c. ger.

BASSE-CONTINUE.

(40

COURANTE.

Non, non, je n'aimerai jamais, Un cœur trop tendre Ne peut vivre en
Basse-Continue.
paix; L'Amour pour me surprẽdre N'a que de vains at- traits: Non.. traits:
Basse-Continue.

Plaignons le ſort de tant d'Amants Qui tous les jours éprouvent
Reprise.
BASSE-CONTINUE.
ſes tourments, Goûtons les fruits de nôtre in- difference, Ah! qu'elle a d'ap-
BASSE-CONTINUE.

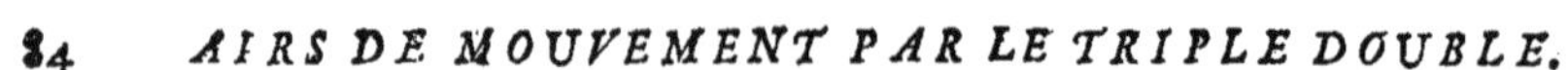

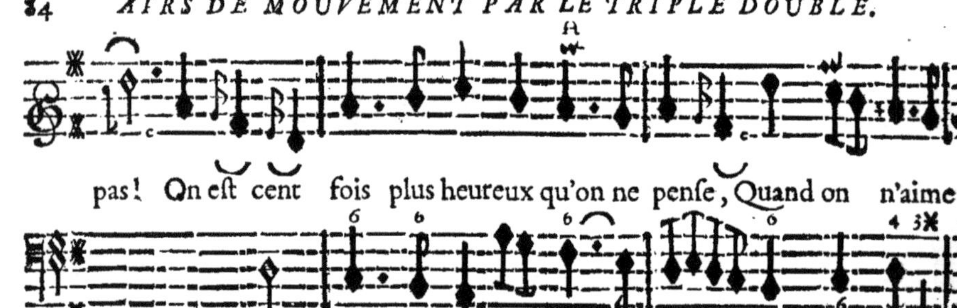

BASSE-CONTINUE.

Le Triple ſimple ſe marque par un 3.

Quand cette Mesure se chante gravement comme par exemple à la Sarabande & à la Passacaille, on la bat lentement à trois Tems égaux, de maniere que l'on fait une Noire à chaque Tems; à la Chaconne on la bat de même, mais plus legerement; aux Menuets on la bat à deux Tems inégaux à cause de leur legereté. On explique de quelle maniere on doit battre la Mesure à deux Tems inégaux cy-aprés page 98. avant le Menuet.

(42 SARABANDE EN RONDEAU.

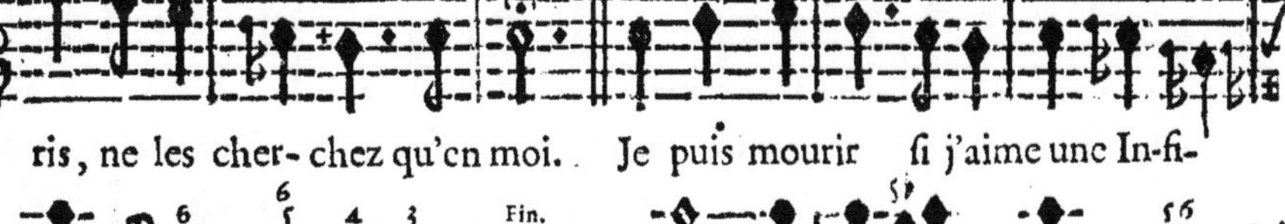

BASSE-CONTINUE.

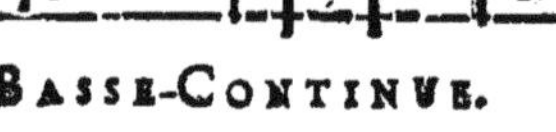

BASSE-CONTINUE.

(34 PASSACAILLE.

BASSE-CONTINUE.

BASSE-CONTINUE.

d'allarmes M'as-tu fait éprouver sans les guerir? Combien de
BASSE-CONTINUE.
larmes N'ai-je pas répandu sans t'attendrir? De mon cœur fi-
BASSE-CONTINUE.

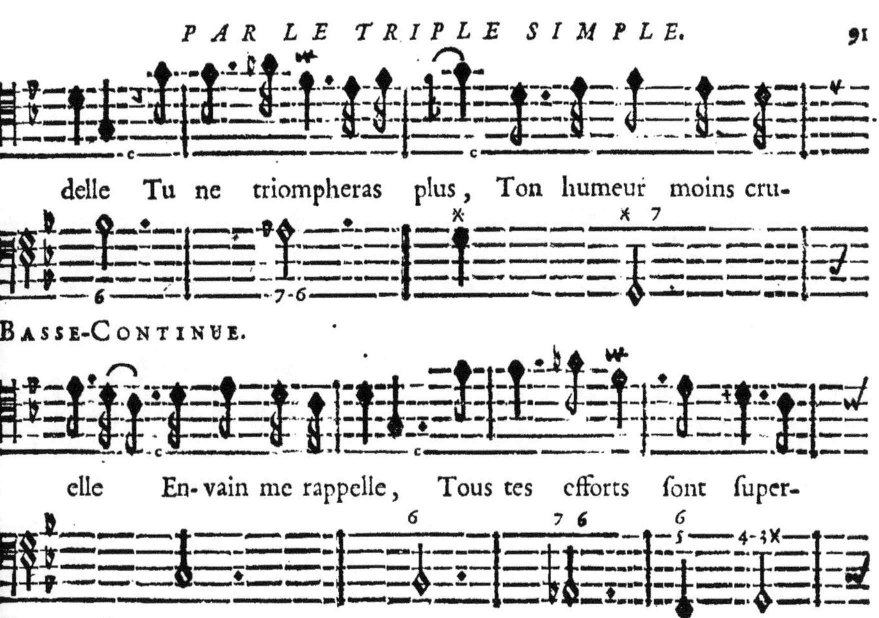
delle Tu ne triompheras plus, Ton humeur moins cru-
BASSE-CONTINUE.
elle En-vain me rappelle, Tous tes efforts sont super-
BASSE-CONTINUE.

flus; De mon ame déformais Ne croi pas troubler la
6
BASSE-CONTINUE.

paix, Je te quitte pour ja- mais; Le dépit éteint mes
7 6
BASSE-CONTINUE.

feux, Il a sçû briser mes nœuds, Je ne suis plus amou-
BASSE CONTINUE.
reux, C'est pour vivre heureux.
BASSE CONTINUE.
ce present liures appartiens
a Mes de Moiselles
Baizenay Mlle boutelier
Cest montre achanter

(23
CHACONNE.
BASSE-CONTINUE.
BASSE-CONTINUE.

BASSE-CONTINUE.

6
6
6
4 3
BASSE-CONTINUE.
6
6
5
4
3
BASSE-CONTINUE.

BASSE-CONTINUE.

Le Menuet ſe bat à trois Tems fort legers, ou, ſi l'on veut, à deux Tems inégaux.

Pour expliquer ce que c'eſt que de battre à deux Tems inégaux, on vous avertit que le premier Tems doit être plus long de la moitié que le ſecond, de maniere qu'il faut faire deux Noires dans le premier Tems, & une dans le ſecond, ou bien l'équivalant.

MENUET.

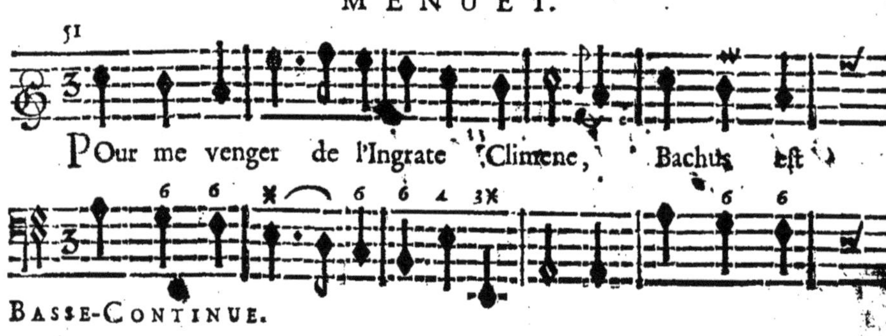

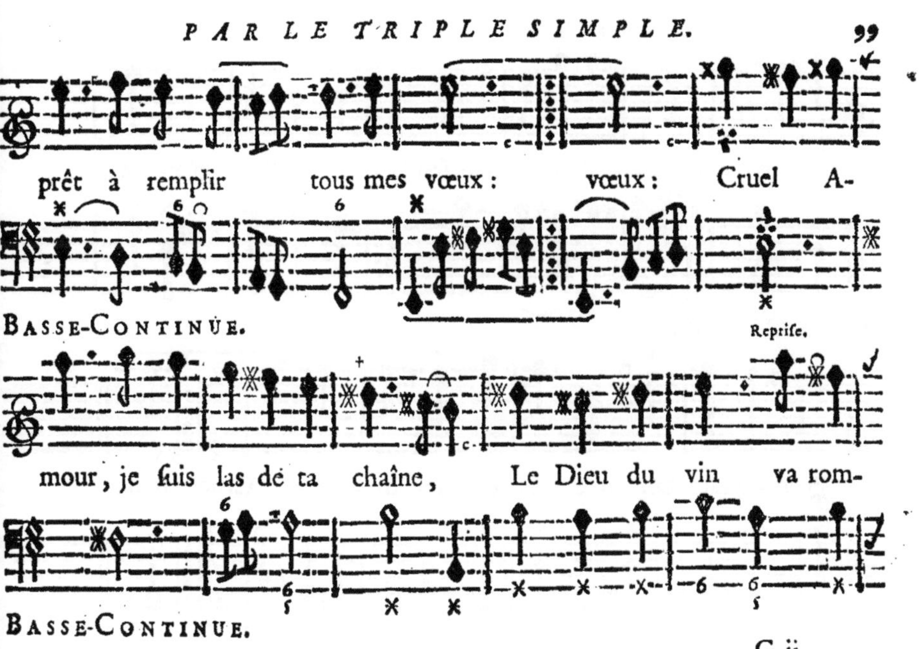
prêt à remplir tous mes vœux : vœux : Cruel A-
BASSE-CONTINUE.
Reprise.
mour, je suis las de ta chaîne, Le Dieu du vin va rom-
BASSE-CONTINUE.

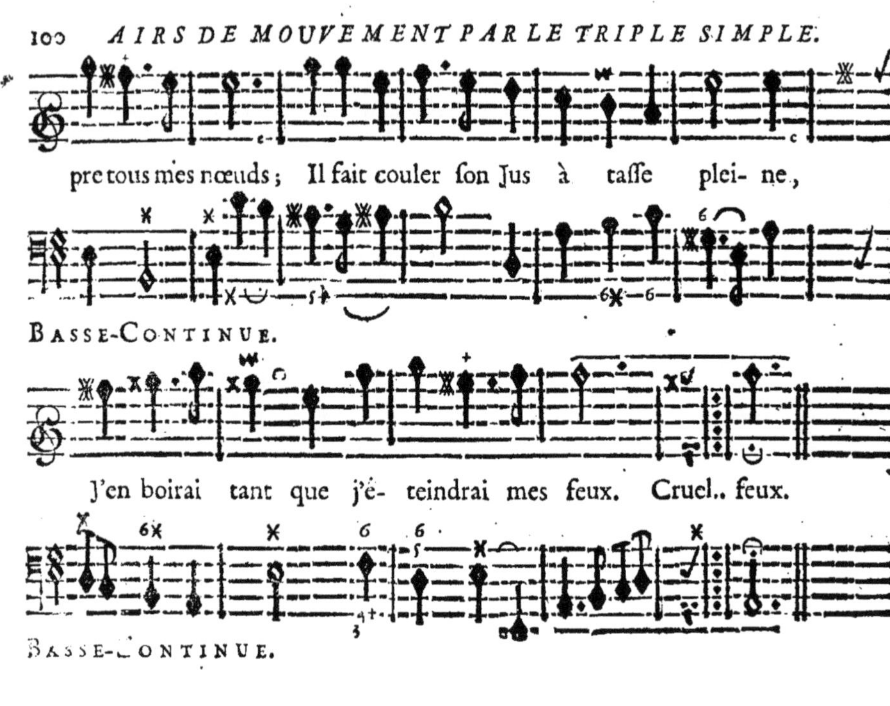
pre tous mes nœuds; Il fait couler son Jus à tasse plei- ne,
BASSE-CONTINUE.
J'en boirai tant que j'é- teindrai mes feux. Cruel.. feux.
BASSE-CONTINUE.

VALEUR DES POSES, ET DES NOTES DU TRIPLE MINEUR.

Le Triple mineur ſe marque par un 3, & un 8.

42

PASSEPIED.

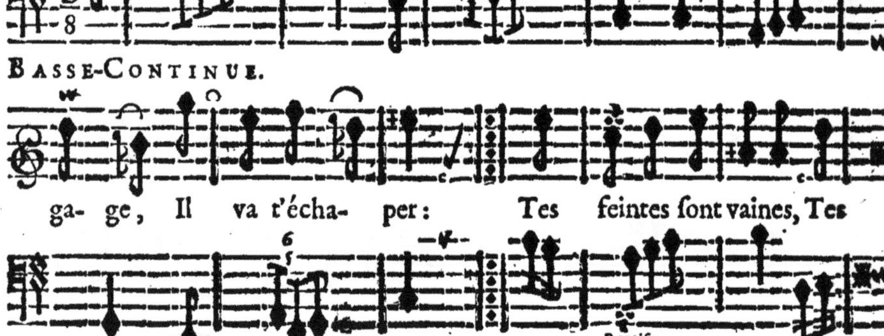

soins superflus, Je brise mes chaînes, Et ne t'aime
BASSE-CONTINUE.
plus, Puisque ton cœur chan- ge, Le mien se ven- ge, Et tout à
BASSE-CONTINUE.

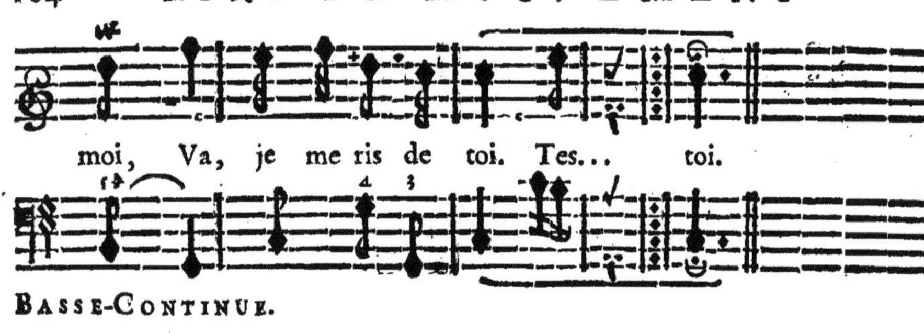
moi, Va, je me ris de toi. Tes... toi.
BASSE-CONTINUE.

31 GIGUE.
QUand l'Amour nous preſente ſes chaînes,
BASSE-CONTINUE.
D'un ſort heureux Il flate nos vœux; Mais bien-tôt les cha-
BASSE-CONTINUE.

BASSE-CONTINUE.

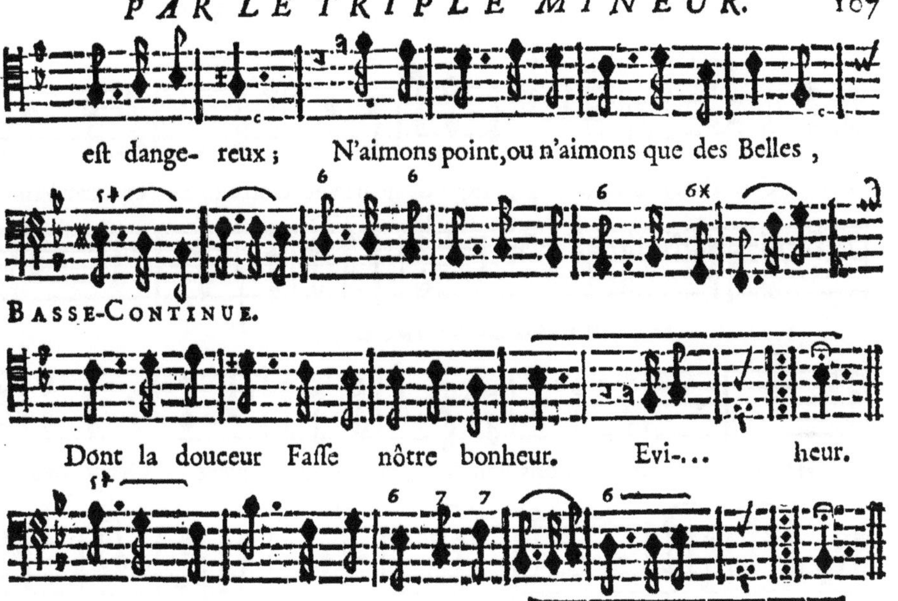
est dange- reux ; N'aimons point, ou n'aimons que des Belles ,
BASSE-CONTINUE.
Dont la douceur Faſſe nôtre bonheur. Evi-... heur.
BASSE-CONTINUE.

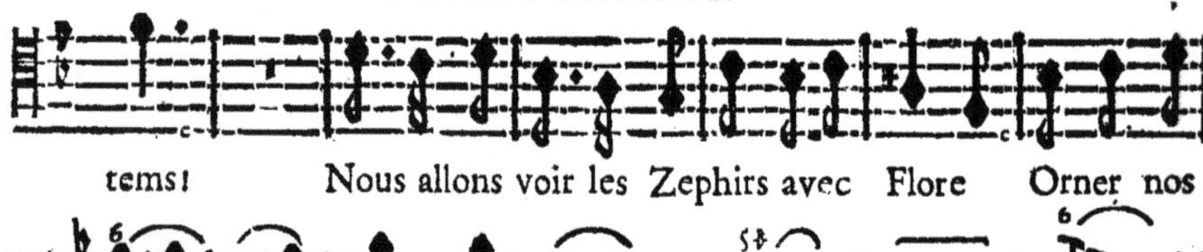

BASSE-CONTINUE.

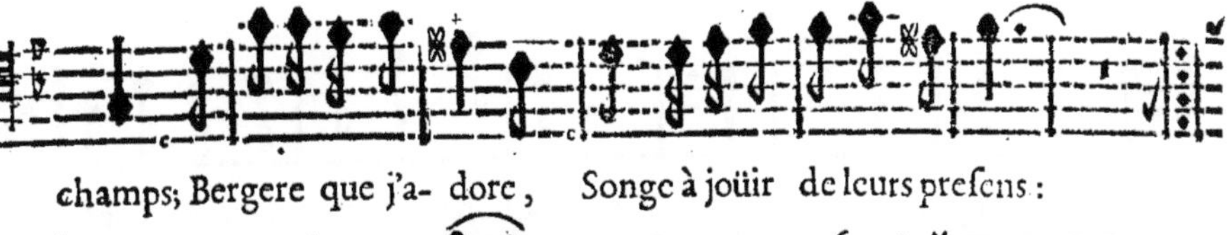
champs; Bergere que j'a- dore, Songe à joüir de leurs presens:

BASSE-CONTINUE.

sens: De ces ruisseaux le murmure Offre à nos sens

Reprise.
BASSE-CONTINUE.

un doux repos, Vien, laiſſons nos troupeaux A l'aven-
BASSE-CONTINUE.
tu- re; Sur la verdure Tu pourrois bien
BASSE-CONTINUE.

fi- nir mes maux ; Ne ſçais-tu pas le tourment que j'en-
6 6✕ 6 6 6 7
BASSE-CONTINUE.

dure ? Toi qui l'entens dire aux E- chos. De... chos.

7 6
BASSE-CONTINUE.

 Valeur des Poſes, & des Notes pour la Meſure à 4. Tems graves, & à 4. Tems legers.

La premiere ſe marque par un C, & la deuxiéme par un C barré.

Cette Mesure se bat à quatre tems égaux, sçavoir deux en baissant & deux en levant, de maniere qu'on fait une Noire à chaque Tems, ou bien l'équivalant.

Duo. AIR ITALIEN.

più splen- de l'au- rora, E di più bel ar- dor S'infiamma, S'in-
7 6 76 75
Goda, Clori, più splen-de l'au- rora, E di più bel ardor S'in-
fiam-ma il cuor; Sù godete fra l'er-bet- te,'e fio- ri,
6 4-3
fiamma il cuor; Accompagnement. Sù godete fra l'er- bet- te,'e

E vedete con can- ti so- no- ri, Venti mol- li, con dol- ci su-
fio- ri, Venti mol- li, con dol- ci su- surri Festeg-
surri Fe- steg- giar i primi'amo- ri; Sù godete, can- ta- te Pa-
giar i pri- mi'a- mo- ri; Prelude.

sto- ri, Già che spunta,'e ri- de pri- ma

Sù godete, can- ta- te Pa- sto- ri,

ve- ra. Goda,Clori, più splen- de l'au-

Già che spunta,'e ri- de pri- ma ve- ra, Go- da, Clori,

Lentement.
rora, E di più bel ar- dor S'in- fiam- ma, S'in-
7 6 7 6 7 5 4
più ſplen- de l'au- rora, E di più bel ar- dor S'in-
fiam- ma il cuor.
6 4 3
fiam- ma il cuor.

AIR ITALIEN.

BASSE-CONTINUE.

te, Augelli, can- ta- te fra' i fio- ri; Len- ti
76 76 6 6 6 4 3
BASSE-CONTINUE.
rivi, Sù cor- rete; Ma correndo, non turba-

6 6
BASSE-CONTINUE.

te L'I- dol che mi fe- ri. Volate Amori, vo-
Basse-Continue.
late, [illegible]me Clori, Susurra-
Basse-Continue.

te, Augelli, can- ta- te
76 76 6
BASSE-CONTINUE.
fra' i fio- ri.
6 6
5
BASSE-CONTINUE.

VALEUR DES POSES, ET DES NOTES DE LA MESURE A SIX TEMS GRAVES.

La Mesure à six Tems graves se marque par un 6, & un 4.

ou
(24)
Leçon pour les Notes inégales.
Basse-Continue.
Autre Leçon pour les Notes Syncopées.
Basse-Continue.

SARABANDE.

ou (27)
C'Est trop souffrir pour Celi- meine, Cette Inhu-
C'Est trop souffrir pour Celi- meine, Cette Inhumaine Nous fait mourir : Quand on soûpire, On la voit ri- re,
maine Nous fait mourir : Quand on soûpire, On la voit ri- re,

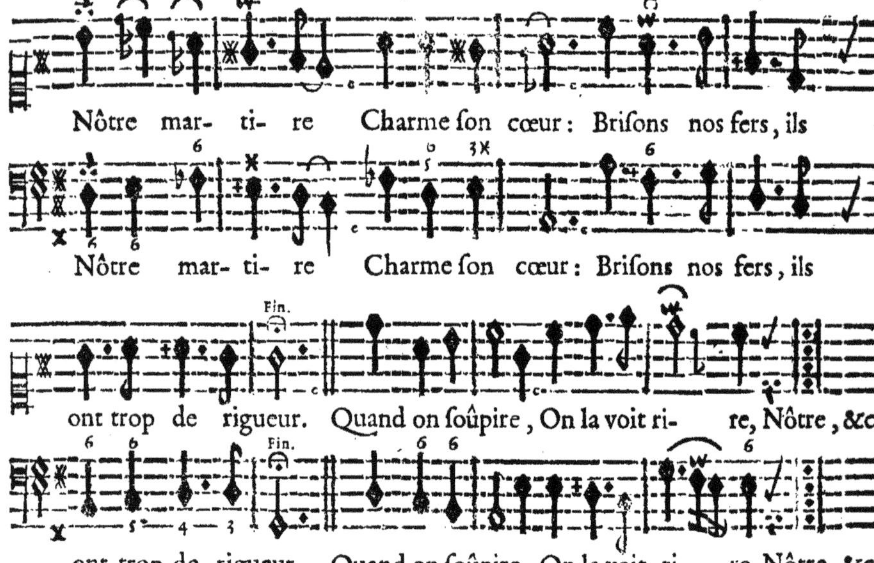
Nôtre mar- ti- re Charme ſon cœur: Briſons nos fers, ils
Nôtre mar- ti- re Charme ſon cœur: Briſons nos fers, ils
Fin.
ont trop de rigueur. Quand on ſoûpire, On la voit ri- re, Nôtre, &c.
Fin.
ont trop de rigueur. Quand on ſoûpire, On la voit ri- re, Nôtre, &c.

(24) MARCHE EN RONDEAU.

ment De n'être plus A- mant; Pour une Belle, Toûjours cruelle,
BASSE-CONTINUE.

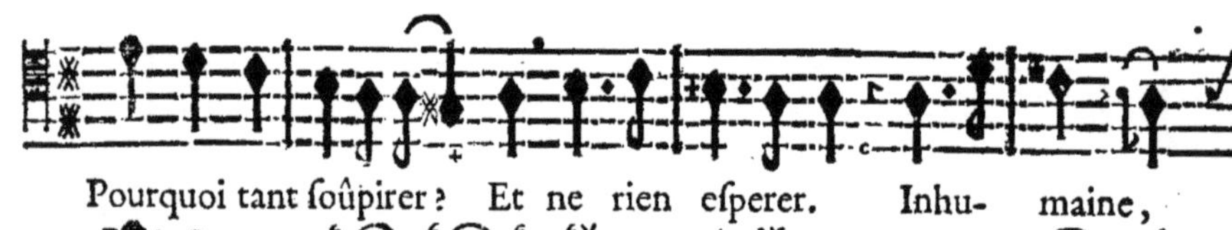
Pourquoi tant soûpirer? Et ne rien esperer. Inhu- maine,
BASSE-CONTINUE.

Je romps ma chaîne, Je n'aime plus, Tes soins sont super- flus;
BASSE-CONTINUE.
Heureux qui change, Et qui se venge, Quãd il voit dãs un cœur Trop de ri
BASSE-CONTINUE.
I

gueur ; Je t'oubli- e, C'eſt pour la vie, Je fais ſerment De
BASSE-CONTINUE.

n'être plus A- mant. Ne croy plus ſur- prendre Un cœur trop
BASSE-CONTINUE.

ten- dre, Les maux que j'ai soufferts Me font bri- ser mes fers. Inhu-

BASSE-CONTINUE.

maine, Je romps ma chaîne, Je n'aime plus, Tes soins sont super-

BASSE-CONTINUE.

flus; Je t'ou- blie, C'est pour la vie, Je fais ser-
BASSE-CONTINUE.

ment De n'être plus Amant.

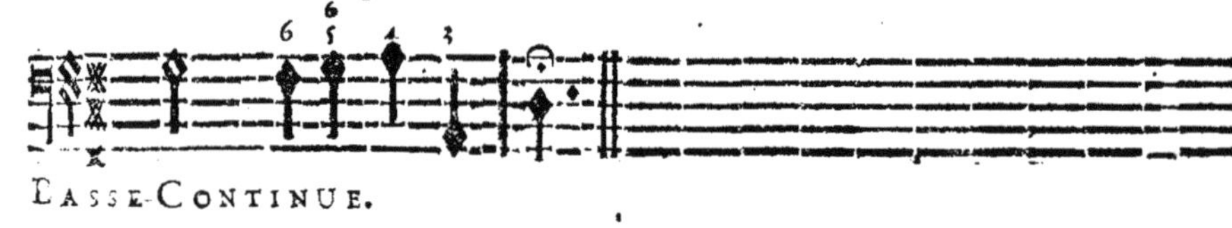
BASSE-CONTINUE.

(30) AIR GRAVE EN RONDEAU.

QUel marty- re ! Quand on soûpi- re Pour un cœur Toûjours

BASSE-CONTINUE.

plein de rigueur ! Quel de- stin ! quel malheur, De mou- rir de dou-

BASSE-CONTINUE.

leur ! Et de mourir ſans l'oſer dire! C'eſt trop lõg-tẽs ſouffrir, Hâtõs-no⁹ de guerir.
Fin.
Basse-Continue.
Vien dans mon cœur, favorable Paix, Vien dans mon cœur, &
Basse-Continue.

2. Partie.

n'en fors jamais. Quel martyre! rir.

6 6 ✱ ✱ 5♭

Basse-Continue.

doux.
yeux ont troublé mon repos ; Oublions la Cru-
BASSE-CONTINUE.
elle Dont les yeux ont troublé mon repos : Plus je
BASSE-CONTINUE.

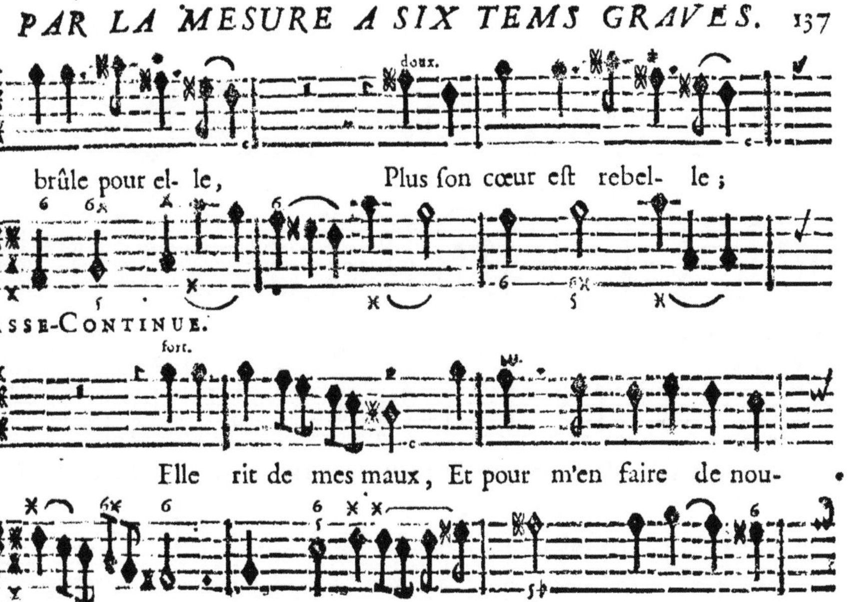
doux.
brûle pour el- le, Plus ſon cœur eſt rebel- le ;
BASSE-CONTINUE.
fort.
Elle rit de mes maux, Et pour m'en faire de nou-
BASSE-CONTINUE.

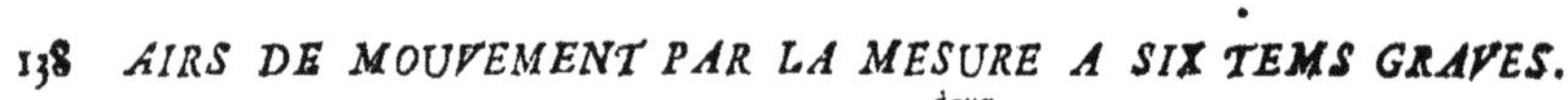

pour m'en faire de nouveaux, Elle aime mes ri- vaux. Quel martyre, &c.

cy-devant page 133.

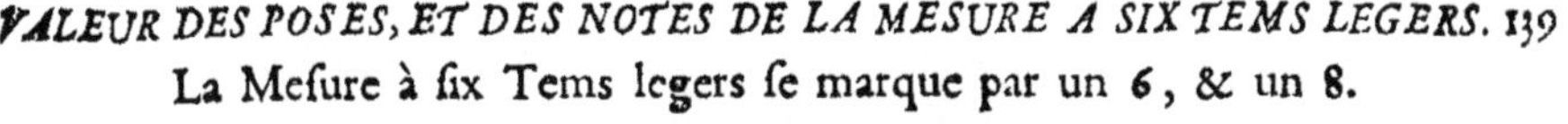

VALEUR DES POSES, ET DES NOTES DE LA MESURE A SIX TEMS LEGERS.

La Mesure à six Tems legers se marque par un 6, & un 8.

CANARIES EN RONDEAU.

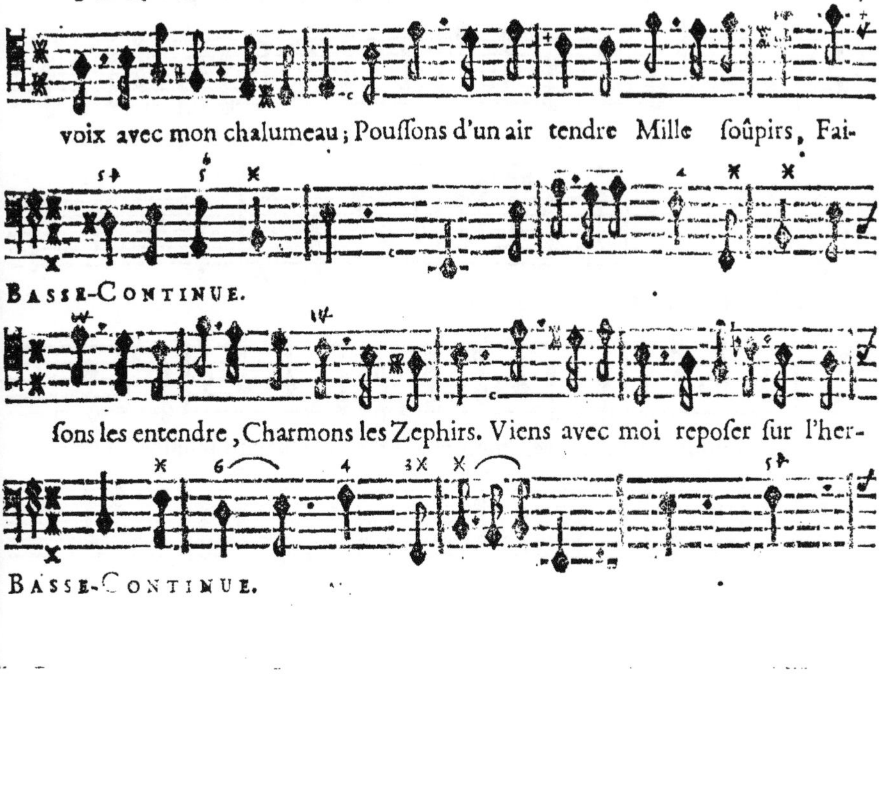

voix avec mon chalumeau; Pouſſons d'un air tendre Mille ſoûpirs, Fai-

BASSE-CONTINUE.

ſons les entendre, Charmons les Zephirs. Viens avec moi repoſer ſur l'her-

BASSE-CONTINUE.

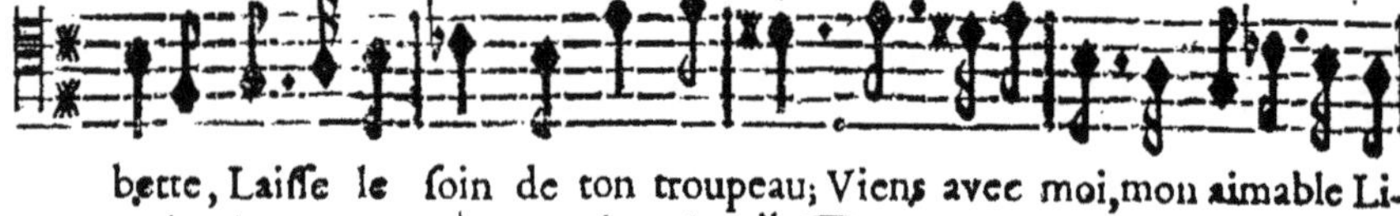

BASSE-CONTINUË.

BASSE-CONTINUE.

ce beau Séjour, Tout semble nous dire, Cedez à l'Amour. Viens avec

BASSE-CONTINUE.

moi reposer sur l'herbette, Laisse le soin de ton troupeau; Viens avec

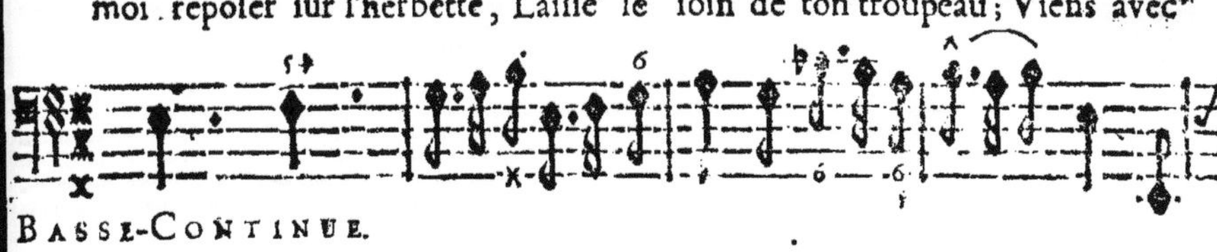

BASSE-CONTINUE.

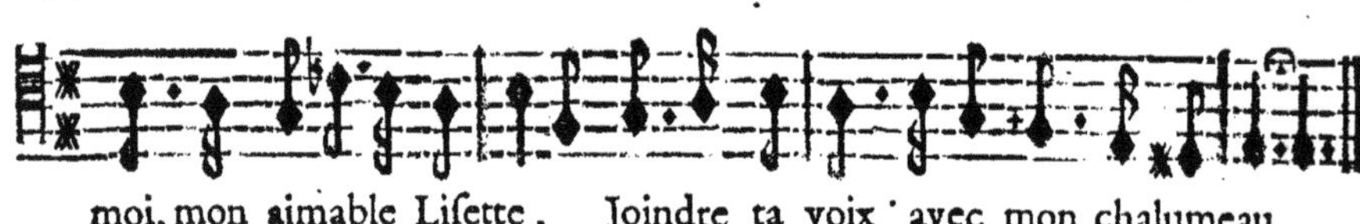

BASSE-CONTINUE.

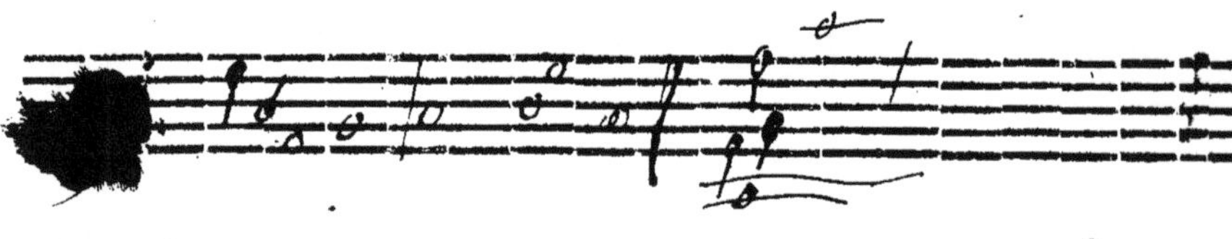

48

MENUET.

LE doux Printems commẽce à paroître, C'est la saison

BASSE-CONTINUE.

L'on voit déja sous la verte fou- gere, Les Bergers con-
Reprise.
BASSE-CONTINUE.
tens Joüir du beau tems ; Vien, ma Bergere, Faisons com-
BASSE-CONTINUE.

me eux, La grande affaire C'eſt d'être heureux. L'on voit déja... reux.
Basse-Continue.

GIGUE.

36

MEs Amis, il faut boire à longs-traits, Vîte, Laquais, tire-nous du vin
Basse-Continue.
frais, Hâte-toi, c'est le Jus de la treille, Qui peut lui seul nous
Basse-Continue.

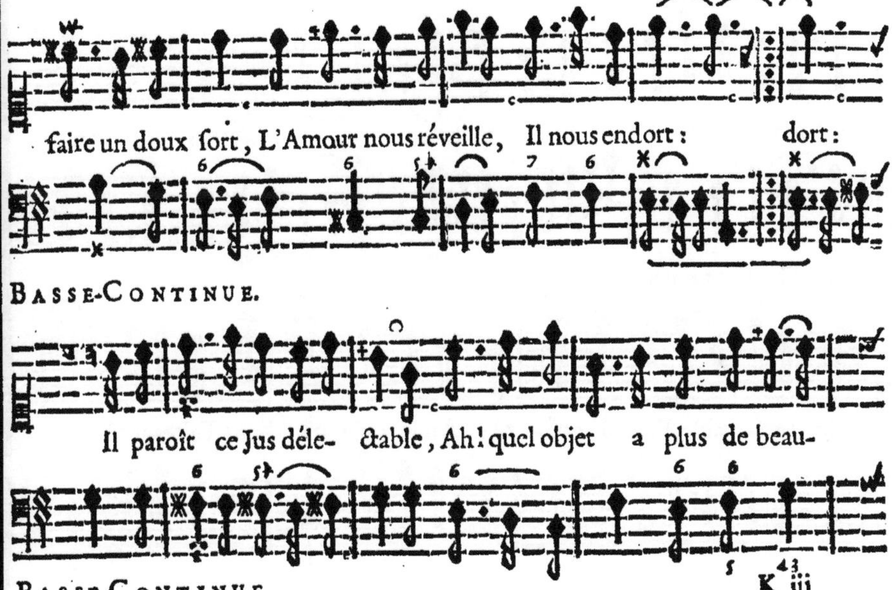

faire un doux sort, L'Amour nous réveille, Il nous endort: dort:

BASSE-CONTINUE.

Il paroît ce Jus déle- ctable, Ah! quel objet a plus de beau-

BASSE-CONTINUE.

té! A voir sa clar- té, Je suis enchan- té; Buvons-en, rien n'est
BASSE-CONTINUE.
plus agré- able, J'en ai goû- té; Amis, qu'il est bon! Faites-moi rai-
BASSE-CONTINUE.

ſon, Et buvons tous en rond; Approchons le Buffet de la table, Pour-
BASSE-CONTINUE.
quoi chercher la Pinte ſi loin? Epargnons-nous ce ſoin. Il paroît.. ſoin.
BASSE-CONTINUE.

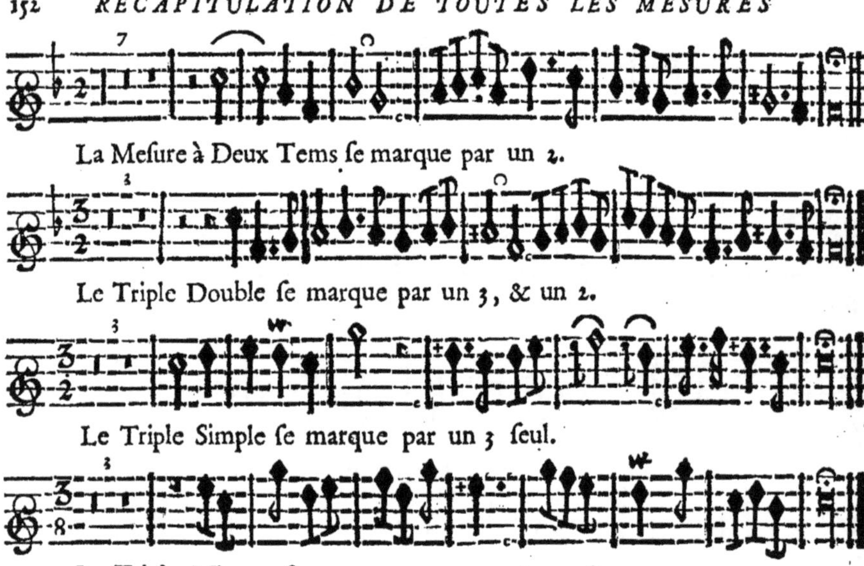

La Mesure à Deux Tems se marque par un 2.

Le Triple Double se marque par un 3, & un 2.

Le Triple Simple se marque par un 3 seul.

Le Triple Mineur se marque par un 3, & un 8.

La Mesure à Quatre Tems Graves se marque par un C.

La Mesure à Quatre Tems Legers se doit marquer par un C barré.

La Mesure à Six Tems Graves se marque par un 6, & un 4.

La Mesure à Six Tems Legers se marque par un 6, & un 8.

Il y a encore quatre autres sortes de Mesures, sçavoir,

La Mesure à Deux Tems précipitez.

Cette Mesure se marque par un 4, & un 8, & se bat à Deux Tems fort vîte, de maniere qu'on fait une Noire dans chaque Tems, ou bien l'équivalant.

La Mesure à neuf Croches.

Cette Mesure se marque par un 9, & un 8, & se bat à Trois Tems égaux, de maniere qu'on fait trois Croches dans chaque Tems, ou bien l'équivalant.

La Mesure à douze Noires.
3 P.
Demi-P.
1 Tems.
Cette Mesure se marque par un 12, & un 4, & se bat à Quatre Tems, mais
gravement, de maniere qu'on fait trois Noires dans chaque Tems, ou bien l'équivalant.
La Mesure à douze Croches.
3 P.
Demi-P.
1. Tems.
Cette Mesure se marque par un 12, & un 8, & se bat à 4. Tems, mais fort legerement,
de maniere qu'on fait trois Croches dans chaque Tems, ou bien l'équivalant.

 Plan de toutes les Clefs, Parties & Sons naturels de la Musique chantez par ♮-mol.

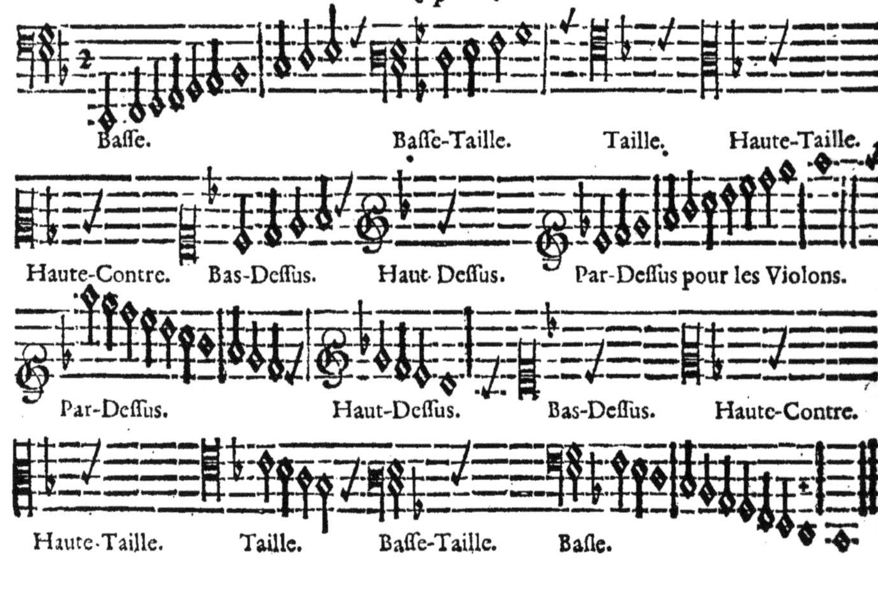

Plan de toutes les Clefs, Parties & Sons naturels de la Musique chantez par ♮-carre.

Autre Plan de toutes les Parties de la Musique, dans lequel on fait voir le rapport qu'il y a des unes avec les autres.

Remarquez par la disposition des sept Exemples qui composent ce troisiéme Plan, que, de ligne en ligne l'Ut monte toûjours d'un degré.

De cette remarque deux conséquences s'ensuivent, La premiere, que l'Ut, comme les six autres Notes, se peut rencontrer sur toutes les lignes, & dans tous les espaces différents; La seconde, que, par conséquent, pour sçavoir la Musique en perfection, il faut indispensablement bien posseder ces sept positions de Clefs, de même que la suite naturelle des Notes en montant & en descendant.

EXEMPLES.

Rapport du Bas-Dessus par ♮-carre avec la Haute-Taille par ♭-mol.

Rapport de la Basse-Taille par ♮-carre avec le Haut-Dessus par ♭-mol.

Rapport de la Haute-Contre par ♮-carre avec la Taille par ♭-mol.

EXEMPLES.

Rapport du Dessus de Violon & de la Basse par ♮ carre avec le Bas-Dessus par ♭ mol.
Rapport de la Haute-Taille par ♮-carre avec la Basse-Taille par ♭-mol.
Rapport du Haut-Dessus par ♮-carre avec la Haute-Contre par ♭-mol.
Rapport de la Taille par ♮-carre avec la Basse, & le Dessus de Violon par ♭-mol.

REGLE

pour rendre faciles les Transpositions qui se font avec des Diezis.

Pour vous la faire aisément comprendre, il faut auparavant vous instruire de l'ordre naturel des Diezis. Cet ordre naturel est, que quand il n'y a qu'un Diezis, ce n'est jamais ailleurs que sur le Fa qu'il doit estre placé; que quand il y en a deux, c'est en ce cas le Diezis de l'Ut qui doit l'accompagner; que quand il y en a trois, c'est pour lors le Diezis du Sol qui doit accompagner les deux autres; que quand il y en a quatre, c'est le Diezis du Ré qui doit accompagner les trois autres; que quand il y en a cinq, c'est en ce dernier cas le Diezis du La qui doit accompagner les quatre autres, de maniere qu'ils se trouvent tous cinq à la quinte l'un de l'autre en montant, ou bien à la quarte en descendant; que tres-souvent, lorsqu'il y en a cinq ou davantage, il se peut qu'une Partie ne soit que la répetition ou l'Octave de quelques-uns des cinq dont on vient de parler.

Cet ordre ainsi remarqué, on vous donne pour regle certaine que le Diezis du Fa estant seul, on peut l'appeller Si; que quand il y en a deux, il faut appeller Si le Diezis de l'Ut; que quand il y en a trois, il faut appeller Si le Diezis du Sol; que quand il y en a quatre, il faut appeller Si le Diezis du Ré; que quand il y en a cinq differents, il faut appeller Si le Diezis du La; d'où l'on peut inferer, que c'est toûjours le dernier Diezis qu'on doit appeller Si. Pour le bien concevoir, regardez les Exemples qui sont dans ces deux pages.

EXEMPLES.

On vous conseille avec raison d'apprendre de bonne-heure à bien entonner le Fa diezé; pour y parvenir il faut se representer le son aigu du Si, ou bien celui du Mi.

AUTRES EXEMPLES
pour les Transpositions qui se font avec des Diézis.

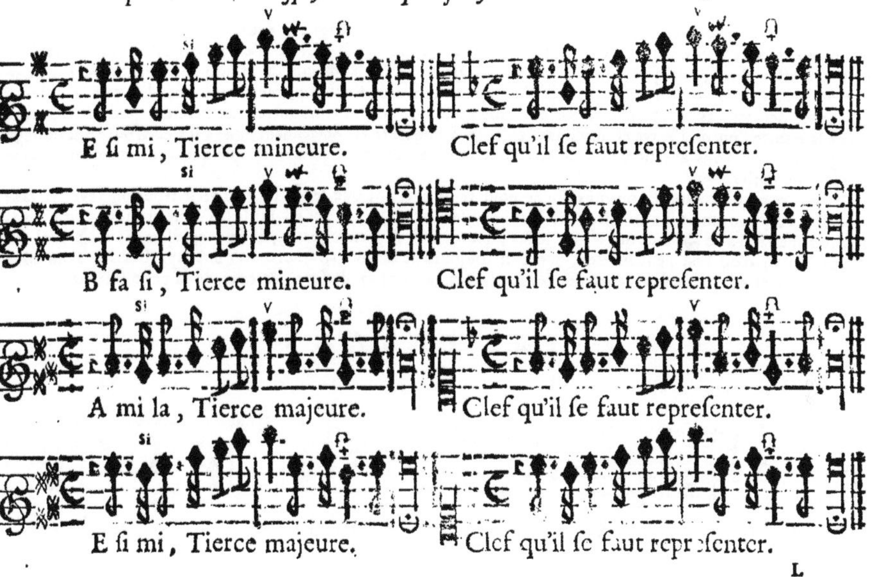

REGLE

pour rendre faciles les Transpositions qui se font avec des ♭-mols.

Pour vous la faire aisément comprendre, il faut, comme des Diezis, vous instruire de l'ordre naturel des ♭-mols. Cet ordre naturel est, que quand il n'y a qu'un ♭-mol ce n'est jamais ailleurs que sur le Si qu'il doit estre placé ; que quand il y en a deux, c'est en ce cas le ♭-mol du Mi qui doit l'accompagner ; que quand il y en a trois, c'est pour lors le ♭-mol du La qui doit l'accompagner ; que quand il y en a quatre, c'est en ce dernier cas le ♭-mol du Ré qui doit accompagner les trois autres ; de maniere qu'ils se trouvent tous à la quarte l'un de l'autre en montant, ou bien à la quinte en descendant ; que s'il s'en trouve davantage que quatre, l'on vous avertit qu'ils ne sont que la répetition ou l'Octave de quelques-uns des quatre dont on vient de parler.

Cet ordre ainsi remarqué, on vous donne pour regle certaine que le ♭-mol du Si se trouvant seul, il faut l'appeller Fa ; que quand il y en a deux, il faut appeller Fa le ♭-mol qui est sur le Mi ; que quand il y en a trois, il faut appeller Fa le ♭-mol qui est sur le La ; que quand il y en a quatre, il faut appeller Fa le ♭-mol qui est sur le Ré ; d'où l'on peut inferer, que c'est toûjours le dernier ♭-mol qu'on doit appeller Fa. Pour bien concevoir tout ce que dessus, regardez les Exemples qui sont cy-dessous, & ceux de la page suivante.

EXEMPLES.

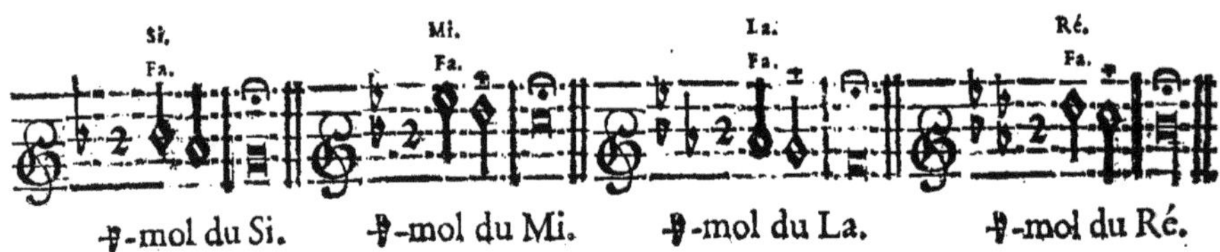

♭-mol du Si. ♭-mol du Mi. ♭-mol du La. ♭-mol du Ré.

AUTRES EXEMPLES

pour les Transpositions qui se font avec des ♭-mols.

ou
Tendrement
VOus ne ſçavez que trop rendre un cœur in- fi-
BASSE-CONTINUE.
delle, Et faire qu'on ne puiſſe aimer que vous; Vous... Vous; Peut-
BASSE-CONTINUE.

on vous échapper en vous voyant si belle? Vos yeux, I-
Reprise.
BASSE-CONTINUE.
ris, sont trop sûrs de leurs coups. Vos yeux, I-
BASSE-CONTINUE.

ris ſont trop ſûrs de leurs coups. Peut-on.. coups.
BASSE-CONTINUE.
ou
Lentement.
Autre Air.
I- Ris, cette nuit
BASSE-CONTINUE.

en dormant, J'étois dans un ra- viſſe- ment; Où
BASSE-CONTINUE.
quelquefois le Sommeil plon- ge: ge: Jamais, ja-
BASSE-CONTINUE.

mais je ne vis tant d'appas! Et vous ne me resi- stiez pas; Devi-
Reprise.
BASSE-CONTINUE.
nez, Devinez le re- ste du son- ge. Jamais, jamais...ge.
BASSE-CONTINUE.

ou Lentement.
ENfin au gré de mon envie, Le Ciel favorable à mes
BASSE-CONTINUE.
vœux, M'a fait voir les attraits de la jeune Silvi- e : En-
BASSE-CONTINUE.

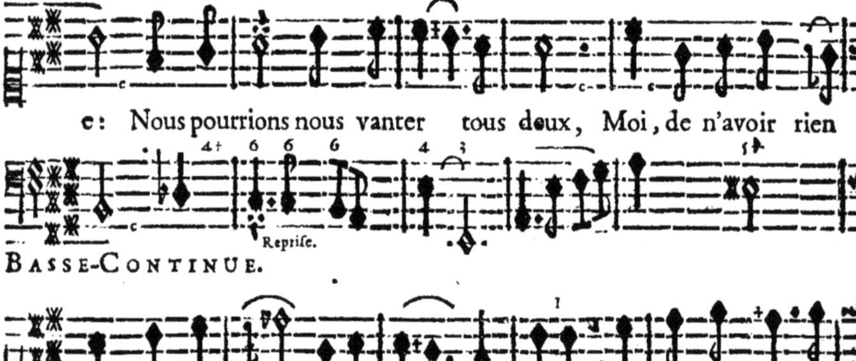
e: Nous pourrions nous vanter tous deux, Moi, de n'avoir rien
Reprise.
BASSE-CONTINUE.

vû de plus beau de ma vi- e, Elle, rien de plus amou-

BASSE-CONTINUE.

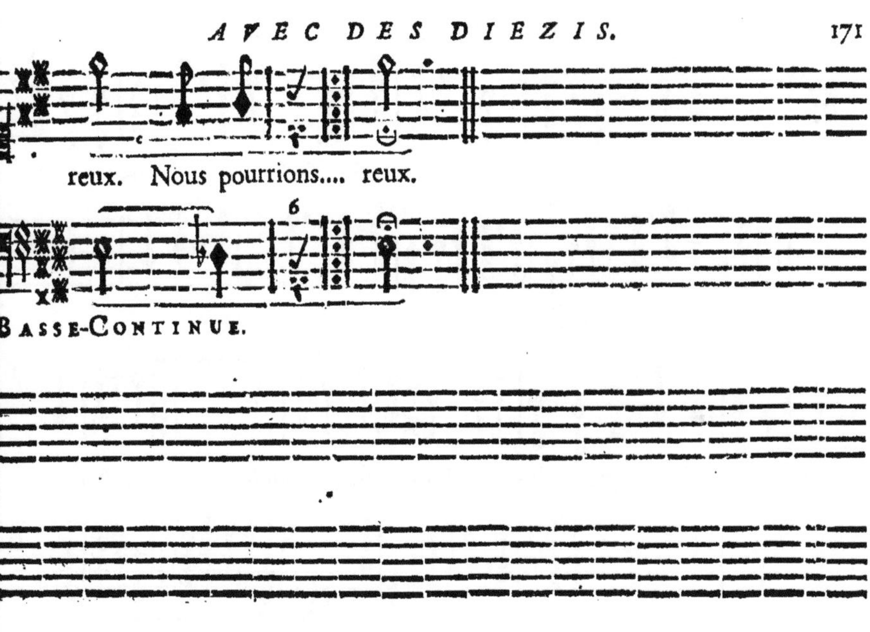
reux. Nous pourrions.... reux.
6
BASSE-CONTINUE.

ou Tendrement.
LOrſque Tir- cis me laiſſe ſeule ici, Le Vo- lage me
BASSE-CONTINUE.
fait entendre Que ſon devoir l'or- don- ne ainſi; ſi; Ah!
BASSE-CONTINUE.

Ah! quand il vint m'offrir un cœur fidelle, & ten- dre! Aurois-je

Reprise

BASSE-CONTINUE.

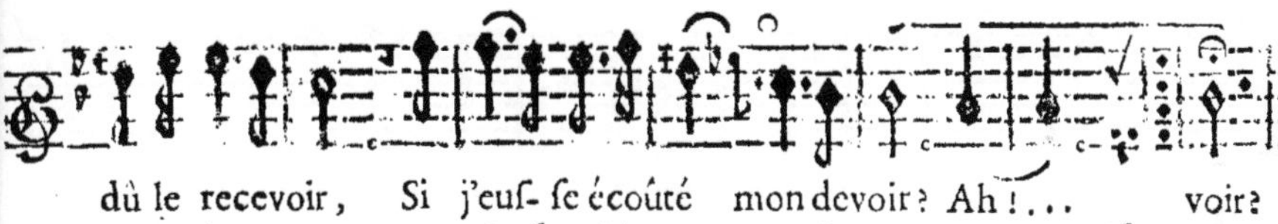

dû le recevoir, Si j'euſ- ſe écouté mon devoir? Ah!... voir?

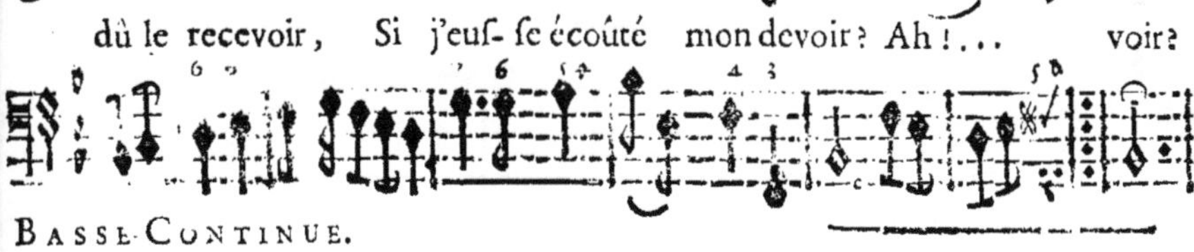

BASSE-CONTINUE.

ou
Lentement.
C'Eſt dans ce Bois, que, l'autre jour, J'enten-
Basse-Continue.
dis mon Amant fidel- le, Qui ſe plaignoit de la
Basse-Continue.

pei- ne cru- elle De ne m'o- ser declarer son a-
BASSE-CONTINUE.
mour: mour: Petits Oyseaux, qui n'estes pas de mê-
BASSE-CONTINUE.

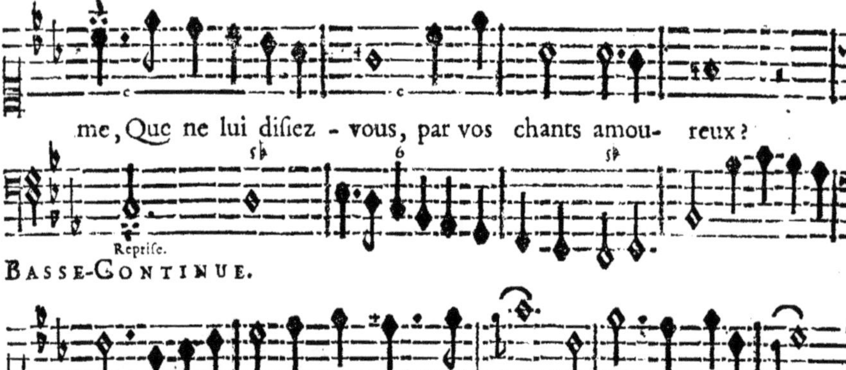
me, Que ne lui disiez - vous, par vos chants amou- reux ?
Reprise.
BASSE-CONTINUE.

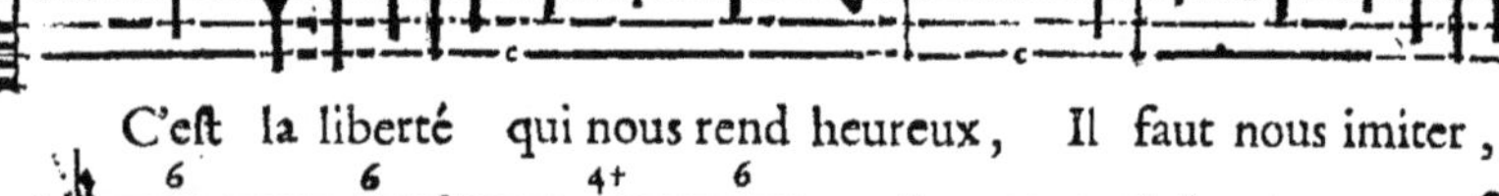
C'est la liberté qui nous rend heureux, Il faut nous imiter,

BASSE-CONTINUE.

quand on ai- me. Petits Oyſeaux, qui n'êtes pas de

BASSE-CONTINUE.

mê- me &c. me.

BASSE-CONTINUE.

ce present luires de musique appatiens a mesdemoiselle Bdizenay ... bouttie c... est la metrek

AIR PLAINTIF.

Qu'on ne fasse des tremblements sur les Notes diezées de cet Air, qu'aux endroits où ils sont marquez.

Basse-Continue.

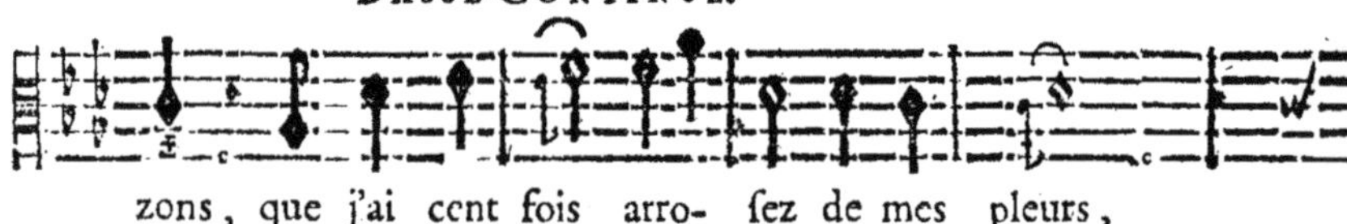

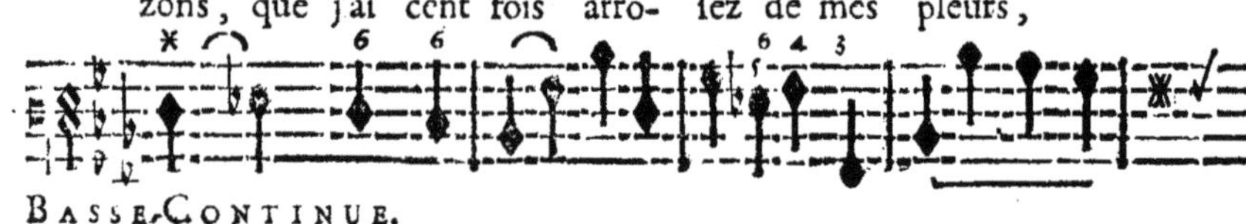

Basse-Continue.

D'un hyver moins coupable qu'elle, Vous avez éprouvé les in-
BASSE-CONTINUE.
justes ri- gueurs: gueurs: Tristes témoins des peines que j'en-
Reprise.
BASSE-CONTINUE.

du- re, Du moins renaîtrez-vous au retour des Zephirs:

BASSE-CONTINUE.

Ah! que ne peut vôtre ver- dure, En renaissant, ser-

BASSE-CONTINUE.

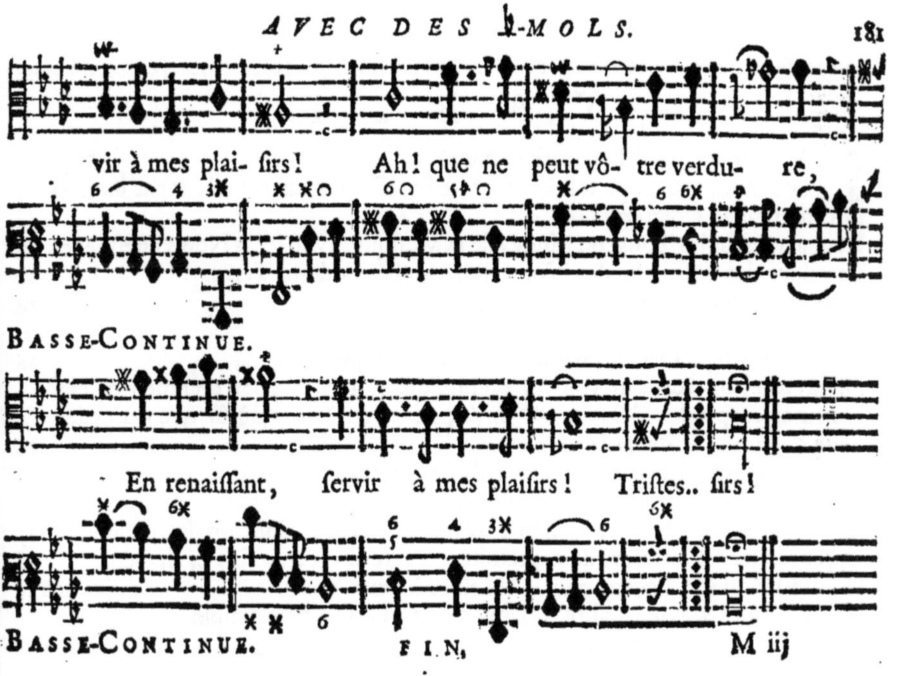
vir à mes plai- ſirs! Ah! que ne peut vô- tre verdu- re,
BASSE-CONTINUE.
En renaiſſant, ſervir à mes plaiſirs! Triſtes.. ſirs!
BASSE-CONTINUE.

FIN.

TABLE.

TABLE.

TABLE.

AIRS A JOUER.

TABLE.

AIRS A CHANTER.

AIRS SERIEUX.

AIRS A BOIRE.

AIRS ITALIENS.

FIN.

EXTRAIT DU PRIVILEGE.

PAR Lettres Patentes du Roy données à Arras l'onziéme jour du mois de May, l'An de Grace mil six cent soixante-treize, Signées, LOUIS : Et plus bas, Par le Roy, COLBERT; Scellées du grand Sceau de cire jaune : Verifiées & Registrées en Parlement le 15. Avril 1678. Confirmées par Arrests contradictoires du Conseil Privé du Roy des 30. Septembre 1694. & 6. Aoust 1696. Il est permis à Christophe Ballard, seul Imprimeur du Roy pour la Musique, d'Imprimer, faire Imprimer, Vendre & Distribüer toute sorte de Musique, tant Vocale, qu'Instrumentale, de tous Auteurs : Faisant deffenses à toutes autres personnes de quelque qualité & condition qu'elles soient, d'entreprendre ou faire entreprendre ladite Impression de Musique, ny autre chose concernant icelle, en aucun lieu de ce Royaume, Terres & Seigneuries de son obeïssance, nonobstant toutes Lettres à ce contraires : ny mesme de Tailler ny Fondre aucuns Caracteres de Musique sans le congé & permission dudit Ballard, à peine de confiscation desdits Caracteres & Impressions, & de six mille livres d'amande, ainsi qu'il est plus amplement déclaré esdites Lettres : Sadite Majesté voulant qu'à l'Extrait d'icelles mis au commencement ou fin desdits Livres imprimez, foy soit ajoûtée comme à l'Original.